OS ÚLTIMOS ANOS DE CARL G. JUNG

BIBLIOTECA CULTRIX
DE PSICOLOGIA JUNGUIANA

Aniela Jaffé

OS ÚLTIMOS ANOS DE CARL G. JUNG

Ensaios sobre sua
Vida e Obra na Maturidade

Tradução
Margit Martincic

Título do original: *Aufsätze zur Psychologie C. G. Jungs*.

Copyright © Daimon Verlag, Zurique, 1982.

Copyright da edição brasileira © 1988, 2022 Editora Pensamento-Cultrix Ltda.

2ª edição 2022.

Todos os direitos reservados. Nenhuma parte desta obra pode ser reproduzida ou usada de qualquer forma ou por qualquer meio, eletrônico ou mecânico, inclusive fotocópias, gravações ou sistema de armazenamento em banco de dados, sem permissão por escrito, exceto nos casos de trechos curtos citados em resenhas críticas ou artigos de revistas.

A Editora Cultrix não se responsabiliza por eventuais mudanças ocorridas nos endereços convencionais ou eletrônicos citados neste livro.

Obs.: Publicado anteriormente com o título *Ensaios sobre a Psicologia de C. G. Jung*.

Editor: Adilson Silva Ramachandra
Gerente editorial: Roseli de S. Ferraz
Gerente de produção editorial: Indiara Faria Kayo
Editoração eletrônica: Join Bureau
Revisão: Claudete Agua de Melo

Dados Internacionais de Catalogação na Publicação (CIP)
(Câmara Brasileira do Livro, SP, Brasil)

Jaffé, Aniela
    Os ultimos anos de Carl G. Jung: ensaios sobre sua vida e obra na maturidade / Aniela Jaffé; tradução Margit Martincic. – 2. ed. – São Paulo, SP: Editora Cultrix, 2022.

    Título original: Aufsätze zur Psychologie C.G. Jungs.
    ISBN 978-65-5736-199-3

    1. Jung, C.G. (Carl Gustav), 1875-1961 2. Psicanálise 3. Psicanalistas – Áustria – Biografia I. Título.

22-115795   CDD-150.1954092

Índices para catálogo sistemático:
1. Jung: Psicanalistas: Vida e obra 150.1954092
Eliete Marques da Silva – Bibliotecária – CRB-8/9380

Direitos de tradução para a língua portuguesa adquiridos com exclusividade pela
EDITORA PENSAMENTO-CULTRIX LTDA., que se reserva a
propriedade literária desta tradução.
Rua Dr. Mário Vicente, 368 – 04270-000 – São Paulo, SP – Fone: (11) 2066-9000
http://www.editoracultrix.com.br
E-mail: atendimento@editoracultrix.com.br
Foi feito o depósito legal.

SUMÁRIO

Prefácio.. 7

I. Sobre a Obra de C. G. Jung 11
   Superstição 13
   Parapsicologia: Experiências e Teoria 17
      Ocultismo e Espiritismo 17
      Fenômenos Sincronísticos 35
   A alquimia 71
   A Realidade Unitária e a Criatividade
      (Erich Neumann e C. G. Jung) 113

II. Sobre a Pessoa de C. G. Jung 129
   Jung e os Congressos de Eranos 131
   Os Últimos Anos de Jung 149

PREFÁCIO

Sou muito grata à Editora Daimon por ter resolvido reeditar, neste volume, alguns dos meus artigos já esgotados ou dispersos, tornando-os de novo acessíveis ao público.

As observações introdutórias referentes à superstição foram publicadas na revista *Ex-Libris*, de março de 1968.

Os artigos sobre parapsicologia e alquimia e o artigo "Os últimos anos de Jung" são do livro *Aus Leben und Werkstatt von C. G. Jung*, de 1968, que se encontra esgotado.

Constava do procedimento científico de Jung retornar, em seus escritos, aos problemas essenciais, considerando-os a partir de vários pontos de vista, e pensar novamente nas questões antigas, dando respostas novas e mais diferenciadas. Isso faz da leitura de sua volumosa obra uma vivência extraordinária, mas dificulta a obtenção de um conhecimento mais profundo sobre uma questão específica. Assim sendo, era natural que com frequência se pedisse aos colaboradores e discípulos de Jung que apresentassem unicamente um dos temas da sua psicologia.

Em 1965, o professor J. R. Smythies, da Universidade de Edimburgo, pediu-me uma contribuição sobre as experiências e pesquisas de Jung no campo da parapsicologia, destinada ao volume *Science and ESP*, da coletânea "International Library of Philosophy and Scientific Method". O presente artigo – "Parapsicologia: experiências e teoria" – é uma versão ampliada dessa contribuição.

As pesquisas parapsicológicas de Jung fazem parte dos capítulos mais difíceis da sua obra; no entanto, do ponto de vista científico, são dos mais importantes. O princípio que esclarece a *Sincronicidade* e complementa o princípio da causalidade estabelecido por ele tornou possível a classificação científica e a compreensão de numerosos fenômenos até então inexplicáveis. Com base nesses conhecimentos, a parapsicologia passou a ser a ponte entre a psicologia do inconsciente e a microfísica.

Jung dirigia seu interesse, de preferência, aos problemas marginalizados, e, por isso, inquietantes, o que ele justificava dizendo que as descobertas não se faziam ao embalo da segurança, da certeza e da tranquilidade. A parapsicologia era um tema marginal; aos olhos de muitos, ainda continua a sê-lo. O mesmo ocorre com a alquimia. Jung, porém, reconheceu que, nos esforços dos velhos alquimistas, não apenas jazem os primórdios da química, mas que também o conteúdo dos textos que nos legaram deveria ser considerado como um mundo de imagens e ideias místico-religiosas, oriundo do inconsciente. Nesse aspecto mais oculto reside a importância da alquimia para a pesquisa da psicologia profunda.

A Bollingen Foundation, de Nova York, posteriormente Princeton, encarregou-me de escrever o prefácio do catálogo da *The Mellon Collection of Alchemy and the Occult*; eu deveria tratar do tema "A Influência da Alquimia na Obra de C. G. Jung". O artigo "A alquimia", deste volume, é uma versão ampliada desse prefácio.

O artigo "A realidade unitária e a criatividade" foi a minha contribuição à publicação comemorativa, denominada *Criatividade do inconsciente*, em homenagem ao 75º aniversário de Erich Neumann (1905-1960), editado pelo jornal *Analytische Psychologie*. O ponto de partida são os pensamentos de Neumann sobre a "grande experiência" do homem perante a obra criativa, na qual o transcendental pode ser representado simbolicamente e compreendido de modo intuitivo. A comparação com os pensamentos de Jung transmite uma ideia das semelhanças e diferenças entre as duas filosofias.

Falei sobre Jung e os congressos de Eranos, em 1975, em Ascona, na reunião de Eranos, realizada sob o signo do 100º aniversário de Jung. O artigo a esse respeito, editado no *Eranos- -Jahrbuch* (nº 44, 1975), contém lembranças da convivência mantida nas reuniões, em que Jung era o centro espiritual e humano; descreve também sua relação com Olga Fröbe-Kapteyn (1881-1962), idealizadora dessas reuniões.

O artigo "Os últimos anos de Jung" se baseia em minhas memórias pessoais. Eu o escrevi a pedido de muitos que conheciam os pensamentos científicos de Jung e que desejavam também formar para si uma imagem da sua pessoa. A solicitação era compreensível porque ele já se tornara, em vida, uma lenda, fato estranho que também não se alterou com a publicação póstuma do livro *Memórias, Sonhos, Reflexões*. Essa obra fala quase exclusivamente das experiências e desenvolvimentos do "homem interior" – Jung o chamava de o "n$^{\underline{o}}$ 2" – e bem pouco conta de sua pessoa, o "n$^{\underline{o}}$ 1", que tem as raízes no exterior e era um "homem entre homens". Meu artigo não pretende evocar outra coisa além de uma sequência solta de instantâneos da pessoa "n$^{\underline{o}}$ 1", *flashes* dos últimos anos de vida de Jung. É verdade que, para completar a imagem do homem, dever-se-iam acrescentar ainda muitos outros instantâneos.

Os temas tratados nos diversos capítulos são atemporais e arquetípicos. Por isso, seu teor continua sendo tão atual quanto na época da sua primeira publicação.

Novembro de 1981
Aniela Jaffé

I.

SOBRE A OBRA DE C. G. JUNG

SUPERSTIÇÃO

"Superstição é a crença no efeito e na percepção de energias não explicadas pela leis naturais até onde estas não são justificadas pela própria doutrina religiosa", eis a definição que consta do *Handwörterbuch des deutschen Aberglaubens*, um manual de superstição alemã, de nada menos que dez volumes em formato de enciclopédia. Desde o século passado, preferiu-se com frequência a expressão "crença popular", delimitação que, no entanto, contradiz os fatos, se entendermos como "povo" a grande camada dos não intelectuais. Qual dos intelectuais hodiernos fica indiferente quando é o décimo terceiro convidado para um banquete? Ou quando, levando no bolso o romance que terminou de escrever, tropeça diante da porta da editora? Que pessoas cultas passam por cima do horóscopo do jornal? Medalhas de São Cristóvão, bichinhos de pano, figurinhas tipo mandrágora e outros mascotes aparecem como talismãs contra acidentes e perigos... e não apenas nos carros populares. À observação atenta não passa despercebido que os múltiplos fenômenos da superstição moderna desempenham um papel em todas as camadas sociais, tanto entre homens como entre mulheres.

Algumas coisas que ontem ainda passavam por superstição constituem hoje objeto de pesquisa científica. "Ele teme que o seu tropeço seja um mau agouro!". "Que ridículo, esse homem supersticioso acredita até mesmo em sonhos!". Aquele que assim julga e condena ignora que, há meio século, Freud já havia apontado para o significado dos atos falhos, e que desses fazem parte não apenas os erros de expressão e o esquecimento, mas também o tropeção, a queda etc., além de não se dar conta de que a lii ¡uagem dos sonhos tem sido decifrada pela moderna psicolog¡ profunda. Contudo, os sonhos revelam o seu sentido son ¡nte à interpretação muito meticulosa. O *Livro dos Sonhos dos Antigos Caldeus* não transmite a verdade ao dizer que "sonhar com soldados significa ganhar dinheiro" ou que "sonhar com rosas significa amor". Enquanto acreditarmos nessas vulgares "chaves dos sonhos", será cabível o veredicto de "superstição". A indignação das pessoas esclarecidas quase sempre cresce um pouco mais quando ouvem falar de sonhos proféticos e premonitórios, embora, há muito, se tenha constatado a veracidade desses fenômenos, e a capacidade de o homem "conhecer" o futuro tenha sido estudada em experiências científicas. Mas os sonhos proféticos e as premonições que se realizaram são eventos relativamente raros e irregulares; nenhuma ciência conseguiu despojá-los de seu caráter miraculoso, fato que nos leva sempre a duvidar outra vez da sua veracidade e a relegá-los ao domínio da superstição.

São tidas como superstição a tão conhecida interpretação e consideração dos "sinais" exteriores. O destino e o caráter são lidos a partir da posição dos astros, das linhas da mão, da disposição das cartas do Tarô. Nos tempos antigos, os sacerdotes anunciavam o oráculo de acordo com o voo dos pássaros ou o liam nas vísceras dos animais sacrificados. Os acontecimentos extraordinários eram considerados especialmente como sinais nefastos: a passagem de um cometa, o voo de um morcego em pleno dia ou a segunda floração de uma árvore frutífera. Após a morte de Christiane, quando Goethe quis visitar ainda uma vez Marianne de Willemer, o carro quebrou durante a viagem. O poeta viu nisso um "sinal", regressou e abandonou para sempre a ideia da visita. Isso nos parece uma atitude puramente supersticiosa, mas o que guiou Goethe foi a crença nos incompreensíveis poderes do destino e na necessidade íntima de observar os seus "sinais" para estar em harmonia com eles. No entanto, apesar disso, ele jamais deixou de ter o sentimento da própria liberdade e tampouco a consciência do distanciamento interior. Para ele, a superstição era a "poesia da vida". Só quando há uma ligação forçada com os "sinais" e esses são avaliados com medo, é que a pressão angustiante substitui o sentimento generalizado quanto ao mundo, que intui importantes analogias entre o interior e o exterior e entre o homem e o cosmo.

Ao conviver com a tribo dos Elgonyi, na África central, Jung observou que seus membros saudavam, todo mês, o traço fino da Lua nova, santificando o momento do seu aparecimento; estendiam para ela as mãos umedecidas com saliva, querendo com isso dizer: eu te ofereço a minha alma. Jung adotou o ritual; cada vez que a Lua nova surgia no céu, saudava-a à maneira dos Elgonyi. Seria isso superstição? Certamente não, porque ele o fazia com a leveza da liberdade e com base no conhecimento do significado simbólico do gesto. Adotou-o como expressão de veneração da grandeza de uma força que nos envolve e que vive incompreensivelmente dentro de nós.

PARAPSICOLOGIA: EXPERIÊNCIAS E TEORIA

OCULTISMO E ESPIRITISMO

Para Jung, a parapsicologia não era apenas objeto de pesquisa científica, experiências e teoria; sua própria vida era rica de experiências pessoais no domínio dos fenômenos espontâneos e acausais ou – como geralmente são chamados – misteriosos. Ele parecia dotado de extraordinária sensibilidade quanto aos processos de fundo psíquico. Isso, porém, ainda não explica a riqueza das experiências: sua impressionabilidade, sensível às manifestações do inconsciente, era acompanhada pela constante observação da natureza, dos homens e dos objetos ao seu redor. A atenção, tão dedicada ao interior como ao exterior, abria-se para as relações cheias de sentido entre o além e o aquém, que um interesse menor sequer conseguiria perceber. Sonhos proféticos e premonições não eram raros na vida de Jung, mas nunca se tornaram habituais. Todas as vezes que ocorreram foram notados com admiração e, quase se poderia dizer, com o respeito que se deve ao milagre. O livro de memórias,[1] elaborado durante a nona década da sua vida, trata extensamente disso.

A mãe de Jung (Emilie Jung, n. Preiswerk, 1849-1923) já tinha o dom para coisas "extrassensoriais", além de interessar-se por elas. Deixou um diário no qual havia anotado unicamente fenômenos de aparições, premonições e outras "coisas estranhas" vividas por ela. Seu pai, Samuel Preiswerk, era o pastor da Igreja Reformada, em Basel; e, quando pequena, coube a ela frequentemente a tarefa de protegê-lo dos "espíritos"; quando ele escrevia seus sermões, ela tinha de ficar sentada atrás dele, porque ele não suportava – assim contavam – que os "espíritos" passeassem nas suas costas, perturbando-o. Todas as semanas, em determinada hora ele costumava ter um colóquio íntimo com o "espírito" da primeira esposa, já falecida, para grande desgosto da segunda! Segundo o diagnóstico psiquiátrico de Jung, ele teria sofrido de "alucinações em vigília", diagnóstico que, ao mesmo tempo, rejeitou como "mero modo de dizer". A segunda esposa de Samuel Preiswerk – Augusta, nascida Faber (1805-1862), avó de Jung – também era dotada, como se costuma dizer, da

---

[1] *Erinnerungen, Träume, Gedanken von C. G. Jung*, organizado e publicado por Aniela Jaffé. Zurique, 4ª edição, 1967. (Nas edições seguintes chamado simplesmente de *Erinnerungen*.)

"segunda visão", e podia ver "espíritos". A família ligava esse dom ao fato de, quando ela ainda era menina, ter passado, certa vez, 36 horas em estado caraléptico. Contudo, esse dom também resistiu a um julgamento mais severo: acontece que ela via aparições de pessoas desconhecidas, cuja existência histórica mais tarde foi comprovada.

O interesse científico de Jung pela parapsicologia surgiu na época dos seus estudos de medicina, isto é, nos últimos anos do século passado. Naqueles tempos, era hábito usar o termo "sonambulismo", proveniente do romantismo, ou então falava-se em "espiritismo". A esse respeito, o colega de Jung, Albert Oeri,[2] nos conta, no artigo "Algumas memórias da juventude",[3] dedicado a Jung por ocasião do seu 60º aniversário: "Não posso calar o fato de Jung ter passado por um grande aprendizado de coragem pessoal ao estudar abundantemente a literatura espírita, ao realizar experimentos espíritas e também ao defender as convicções a que chegou enquanto estas não foram corrigidas por estudos psicológicos mais meticulosos. Antes de tudo, indignava-se pelo fato de a ciência daquela época negar simplesmente os fenômenos ocultos em lugar de pesquisá-los e esclarecê-los. Desse modo, espíritas como Zöllner e Crookes – de cujas

---

[2] Mais tarde conselheiro nacional de Basel, redator do noticiário dessa cidade e professor de Economia Nacional da mesma.

[3] Em: *Die kulturelle Bedeutung der Komplexen Psychologie*. Edição comemorativa do 60º aniversário de C. G. Jung, publicada pelo *Psychologischen Club Zürich* [Clube de Psicologia de Zurique]. Editora Springer. Berlim, 1935.

teorias podia nos falar por horas a fio – tornaram-se para ele mártires heroicos da ciência. Entre amigos e parentes Jung encontrou os participantes das suas sessões espíritas... Era maravilhoso deixarmo-nos doutrinar por ele, acocorados em seu quarto. O seu bassê olhava-nos depois com ar muito sério, como se entendesse tudo que era dito, e Jung não deixou de me comunicar que o sensível animalzinho gania lastimosamente toda vez que atuava na casa alguma força oculta".

Segundo Oeri, Jung não se satisfazia com a leitura das obras ocultistas; iniciou experiências próprias e organizou autênticas sessões no correr dos anos 1899 e 1900. A médium era uma de suas primas, uma estudante de 15 anos. No apartamento que dividia com a mãe viúva e a irmã, ocorreram, no início dessas atividades, dois fenômenos "ocultistas": uma mesa de nogueira, herança antiga, partiu-se com um forte estalido e, pouco depois, uma faca de pão, guardada numa gaveta, rompeu-se inexplicavelmente em quatro pedaços, igualmente com forte estalido. Em ambos os casos, Jung e sua mãe estavam presentes. Até hoje os quatro pedaços de faca são guardados pela família Jung.[4]

Por sugestão do professor Eugen Bleuler – posteriormente chefe de Jung no Burghölzli,[*] em Zurique –, Jung baseou a sua tese nos resultados obtidos nos seus anos de experiências espíritas. Seu título é "Zur Psychologie und Pathologie sogenannter

---

[4] Sobre esses e outros fenômenos parapsicológicos vivenciados por Jung, ver a obra citada na nota 3.

[*] Nome do hospital em que Jung trabalhou como psiquiatra. (N. da T.)

okkulter Phänomene" [Contribuição à psicologia e patologia dos chamados fenômenos ocultos].[5] No conjunto, sua obra é interessante porque encerra os germes dos seus conhecimentos e pensamentos posteriores. Durante o período em que a jovem médium esteve em transe, manifestaram-se do seu interior "personalidades" que Jung interpretava como personificações de "almas-partes" inconscientes. Disso resultou o fato de que não só a psique é uma multiplicidade, ou melhor, uma unidade múltipla, mas também que essas almas-partes ou partes inconscientes de personalidades já prenunciavam o conceito do *complexo autônomo* do inconsciente.

Esse conceito alcançou, pouco depois, um caráter mais sólido, sobretudo graças aos estudos de Jung sobre a chamada experiência associativa, durante o período de sua atividade como médico-assistente no Burghölzli (1900-1902). Naquela época, Jung reconheceu, no complexo autônomo, um dos fatores mais importantes do jogo energético dos processos inconscientes. Na tese mencionada, surgiu também a lei básica da *compensação* dos processos psíquicos do consciente pelo inconsciente. Jung constatou que "a maré de fantasias romanescas do transe" e as personificações que se manifestaram por meio da médium complementavam o consciente no sentido de uma integração maior. Era a "aparição" de uma senhora nobre e veneranda que, como uma espécie de

---

[5] *Obras Completas*, vol. I., p. 1ss.

ideal inconsciente, compensava de modo específico o modo de ser – evidentemente ingênuo e primitivo – da mocinha. Uma vez que, depois de algum tempo, a capacidade "sonambúlica" da médium regrediu e ela começou a encobrir a falta de resultados das sessões de modo fraudulento, Jung suspendeu as experiências. Posteriormente, prevaleceu de fato o complexo daquela "personalidade superior", e a mocinha lábil se converteu numa mulher independente que conseguiu, num negócio próprio, fazer valer as suas capacidades industriais e artísticas.

É fato observado muitas vezes que as "aparições sonambúlicas" de caráter importante manifestam-se de preferência na puberdade. Em sua tese, Jung explicou isso como um "ensaio para a reformulação do caráter", uma antecipação da diferenciação humana; em muitos casos, tratava-se de *tentativas de auto-afirmação da futura personalidade, que, em consequência de dificuldades extremas* (condições externas desfavoráveis, disposição psicopática etc.), *são acompanhadas de perturbações estranhas do consciente*". Desse modo, segundo Jung, "levando em conta as dificuldades que se opõem ao caráter futuro, o sonambulismo adquire um sentido eminentemente teológico, na medida em que confere ao indivíduo os meios para vencer, sem os quais inevitavelmente sucumbiria".[6] Jung reconheceu então, no "sonambulismo", o mesmo significado que identificou mais tarde nas neuroses; tirou

---

[6]   C. G. Jung. *Zur Psychologie und Pathologie sogenannter Okkulter Phänomene.* Cap. I, p. 88.

esses dois fenômenos da esfera do questionamento *causal* e formulou a pergunta sobre a sua significação *objetiva* no contexto bem amplo do processo de desenvolvimento.

À luz de sua obra posterior, é de grande interesse destacar que, entre os relatos da médium em transe, surgiu também uma genuína mandala. Tratava-se de uma espécie de sistema gnóstico do mundo e das energias, disposto em forma circular, que a moça dizia ter "recebido dos espíritos", quando o ditava para Jung. Essa vivência da mandala foi o auge alcançado durante as manifestações. Depois disso, iniciou-se a banalização dos depoimentos.

Embora o interesse de Jung pela parapsicologia nunca tenha arrefecido, só muito mais tarde as pesquisas dos chamados "fenômenos ocultos" foram novamente trazidas à baila, numa conferência realizada em 1919 perante a British Society for Physical Research sobre a crença nos "espíritos", que só em 1928 foi publicada em alemão sob o título "Die psychologischen Grundlagen des Geisterglaubens" (Fundamentos psicológicos da crença nos espíritos), na obra *Über die Energetik der Seele*.[7]

Nesse ensaio, Jung explica "os espíritos" e outros fenômenos ocultos, do ponto de vista psicológico, como "complexos autônomos inconscientes que aparecem projetados", ou, em outras palavras, são "efeitos exteriorizados de complexos inconscientes". Jung reafirmou dessa maneira o pensamento básico de sua tese: "Estou convencido da exteriorização. Tenho, por exemplo,

---

[7] Ver também *Obras Completas*, vol. VIII, p. 339.

observado inúmeras vezes o efeito telepático de complexos inconscientes. Não posso, porém, ver nisso tudo nenhuma prova da existência de espíritos reais e, por ora, devo considerar esse campo de fenômenos como um capítulo da psicologia".[8] Quando surgiu, em 1947, a segunda edição desse artigo – então quase trinta anos depois da sua primeira versão –, Jung acrescentou à frase citada acima uma nota de rodapé que reproduzimos na íntegra, por ser originária da nova concepção obtida, nesse meio-tempo, a respeito da natureza do inconsciente coletivo, dos arquétipos e, assim também, dos fenômenos ocultos: "Hoje, depois de ter reunido, durante meio século, experiências psicológicas com muita gente e em muitos países, não me sinto mais tão seguro como em 1919 ao fazer a afirmação acima. Confesso francamente que duvido que o método e a reflexão exclusivamente psicológicos sejam capazes de fazer justiça aos fenômenos em questão. Não só as constatações da parapsicologia, mas também as minhas próprias reflexões teóricas, esboçadas em minha contribuição à reunião de Eranos de 1946[9] levaram-me a

---

[8] C. G. Jung. "Die Psychologischen Grundlagen des Geisterglaubens" [Bases psicológicas da crença nos espíritos], em Über psychische Energetik und das Wesen der Träume. Zurique, 1948, p. 310. *Obras Completas*, v. VIII, p. 359s.

[9] Trata-se do artigo "Der Geist der Psychologie" [O espírito da psicologia], (*Eranos Jahrbuch* [Anuário de Eranos], 1946. Editora Rhein, Zurique), que foi ampliado em 1954, surgindo com o título "Theoretische Überlegungen zum Wesen des Psychischen" [Reflexões teóricas sobre a natureza do psíquico], em *Von den Wurzeln des Bewusstseins*. Consultar também *Obras Completas*. Vol. VIII, p. 185ss.

certos postulados que tocam as ideias da física nuclear, isto é, do contínuo de espaço-tempo. Levanta-se assim a questão da realidade transpsíquica, que se situa diretamente na base da psique". As concatenações teóricas aludidas aqui por Jung ainda serão tratadas pormenorizadamente. Antecipamos, contudo, que Jung tinha chegado a reconhecer que, por trás da esfera da psique, com as suas manifestações causais e suas coesões espaço-temporais, isto é, por trás do consciente e do chamado inconsciente individual, deveria haver uma *realidade transpsíquica* (o inconsciente coletivo), de cujas características principais faz parte a relativização ou dissolução de tempo e espaço, e na qual, por consequência, a *lei da causalidade perde a sua validez*. Aquilo que o consciente vive como passado, presente e futuro, torna-se relativo no inconsciente e, à medida que aumenta a distância entre este e o consciente, o indivíduo se funde numa unidade irreconhecível ou atemporal; e aquilo que para o consciente se apresenta como proximidade ou distância, é submetido ao mesmo processo de relativização até se diluir no sem-espaço, igualmente irreconhecível. Sabe-se que, na pesquisa das descontinuidades dos processos atômicos, a ciência física viu-se também diante do problema da acausalidade e da relativização de tempo e espaço, fator que se tornou muito importante para a posição das descobertas e hipóteses junguianas dentro das ciências modernas.

Paralelamente ao conhecimento da realidade transpsíquica, houve a diferenciação da sua concepção dos arquétipos, que devem ser considerados como conteúdos ou suportes dessa esfera transcendental do consciente. A partir de 1946, Jung designou-os *psicoides*,[10] isto é, não devem ser entendidos como grandezas puramente psíquicas; a sua natureza é tanto psíquica quanto física. Essa contaminação que se coloca ao lado das contaminações das categorias de tempo e espaço é um paradoxo evidente, mas não é mais maravilhoso do que o paradoxo da luz – como se sabe da física – e dos mais minúsculos elementos da matéria, que é preciso ora explicar como onda, ora como corpúsculo. Não se deve confundir o arquétipo psicoide de que falamos com as imagens ou conteúdos arquetípicos. Estes aparecem como motivos análogos nos mitos, contos, sonhos e quimeras, em todos os tempos e lugares; o consciente os conhece. O arquétipo, ou *arquétipo em si*, como é chamado para distingui-lo dos conteúdos arquetípicos, é uma grandeza incognoscível – por estar no inconsciente coletivo – que jaz no fundo daqueles motivos e os ordena. É um elemento estrutural condicionado, um dispositivo que, como um "padrão de comportamento", encontra-se também no fundo de situações típicas da vida, sempre repetidas, como o nascimento, a morte, a doença, a transformação, o amor etc., preparando e formando também as relações típicas do instinto, como as entre mãe-filho, aluno-instrutor, marido-esposa etc.

Às vezes Jung comparava o *arquétipo em si* com o sistema-eixo de um cristal, que permanece incognoscível na água-mãe, mas prepara e ordena a formação do cristal. *Somente o arquétipo em si*

---

[10] Em "Der Geist der Psychologie". Cap. I.

é psicoide. Jung conseguiu comprová-lo também como o ordenador dos eventos parapsicológicos acausais (sonhos proféticos, precognições etc.), o que abriu caminho para a compreensão desses fenômenos, até então inexplicáveis. No capítulo sobre os "fenômenos sincronísticos", essas relações serão tratadas de modo pormenorizado.

Com relação à nossa pergunta inicial quanto à natureza das "aparições", o postulado a respeito do fundo incognoscível e não puramente psíquico (psicoide) se modificou apenas quanto ao fato de Jung não poder mais defender com segurança a sua primitiva tese, que afirmava serem os "espíritos" exteriorizações ou projeções de complexos psíquicos. O que os "espíritos" são realmente, de onde vêm, por que e onde são vistos, continua sendo para ele – pelo menos na maioria dos casos – uma questão enigmática e sem resposta satisfatória e que permanece assim até hoje para a ciência.[11] No prefácio da edição alemã da obra de Stewart Edward White sobre o "cosmo ilimitado",[12] Jung se expressou com muita cautela: "Se, por um lado, os nossos argumentos críticos põem em dúvida caso por caso (de 'aparições'), não há, no entanto, por outro lado, argumento algum que possa

---

[11] Consultar A. Jaffé. *Geistererscheinungen und Vorzeichen*. Ed. Rascher. Zurique, 1958.

[12] Editora Origo. Zurique, 1948. O prefácio apareceu sob o título "Psychologie und Spiritismus" [Psicologia e espiritismo], no periódico suíço *Neuen Schweizer Rundschau*, em novembro de 1948.

comprovar a não existência dos 'espíritos'. Não nos resta então alternativa senão dar-nos por satisfeitos com o *non liquet*".

No livro de Fanny Moser, *Spuk*,[13] Jung descreve o encontro que teve com um fantasma, em 1920, na Inglaterra. Muitas vezes ele passava o fim de semana na recém-alugada casa de campo de um amigo. De noite, presenciava diversos fenômenos (batidas, mau cheiro, rumores, gotejamentos etc.), que aumentavam de vez em quando. Eles causavam-lhe uma sensação angustiante, quase paralisadora, que culminou com a aparição, ou talvez alucinação, de metade de uma cabeça feminina compacta, que jazia a uns 40 centímetros dele no travesseiro. O único olho estava arregalado e o fitava. Quando Jung acendeu uma vela, a cabeça sumiu. Ele passou o resto da noite sentado numa poltrona. Posteriormente ele e o amigo souberam que a casa era "mal-assombrada" (fato há muito conhecido da aldeia), o que afugentava em pouco tempo todos os inquilinos.

Jung conseguiu interpretar alguns detalhes da sua vivência como exteriorizações de conteúdos psíquicos do inconsciente; mas o fato de a aparição ocorrer exclusivamente em determinado quarto da aludida casa e de ele dormir excelentemente, durante a semana que passou em Londres, a despeito da sua cansativa atividade, permaneceu um enigma sem solução. Tratava-se de uma aparição condicionada ao lugar, para a qual até hoje não se

---

[13] Editora Gyr. Baden, Zurique, 1950.

encontrou ainda uma explicação científica satisfatória. Pouco depois da visita de Jung, a casa foi demolida.

Já no início da década de 1920, junto com o conhecido parapsicólogo conde Albert Schrenck-Notzing e o professor Eugen Bleuler, Jung fez uma série de experiências com o médium Rudi Schneider; o local foi o hospital de Burghölzli. Nessa ocasião, presenciou ao vivo materializações, fenômenos psicocinéticos e outros. Segundo relato posterior de Jung, a série de experiências consistia em se colocarem fora do alcance do médium objetos de papelão – figuras recortadas de anjos e porta-copos pintados com tinta fosforescente. Quando o médium entrava em transe, podia acontecer que tais objetos se levantassem e flutuassem no ar.

Um quarto de século mais tarde, quando Jung estava na África central, lembrou-se dessas experiências por uma associação de ideias que lhe era peculiar. O primeiro encontro com o continente negro, no interior de Mombaça, no Quênia, foi para ele "uma imagem estranha jamais vista", mas acompanhada de intenso *sentiment du* déjà-vu, como se ele já tivesse vivido alguma vez aqueles momentos; isso o surpreendeu. O mesmo sentimento de intimidade havia surgido naquelas experiências realizadas no Burghölzli. No seu livro de memórias, diz ele: "O tom afetivo desse acontecimento surpreendente permaneceu em mim durante toda a viagem através da África selvagem. Só posso aproximá-la de uma outra experiência do desconhecido: foi quando observei, pela primeira vez, com meu antigo chefe, professor

Eugen Bleuler, um fenômeno parapsicológico. Pensara antes que morreria de susto se me ocorresse ver algo tão impossível. Mas quando ocorreu o fenômeno nem mesmo fiquei estupefato; achei, pelo contrário, que o fenômeno entrava na ordem dos fatos como alguma coisa óbvia, conhecida há muito tempo".[14]

Em 1961, ano da sua morte, fez, numa carta, uma retrospectiva dos fenômenos observados por ele, dizendo: "Tenho visto a movimentação de objetos que não foram tocados diretamente e isso em condições científicas absolutamente satisfatórias. A esses movimentos poderíamos chamar de levitação, ao admitirmos que os objetos se movimentam por si mesmos. Mas esse não parece ser o caso, porque todos esses corpos aparentemente automovidos se movem de tal modo como se fossem erguidos, sacudidos ou atirados por uma mão. Nessa série de experiências, vi também, ao lado de outros observadores, uma mão e senti a sua pressão. Ao que parece, tratava-se da mão que causava todos os outros fenômenos desse tipo. Os fenômenos independiam de uma 'vontade', porque só ocorriam quando o médium estava em transe, momento em que justamente não dispunha da sua vontade. Os próprios fenômenos parecem pertencer à categoria das manifestações de duendes...". Segundo relato posterior de Jung, a mão que havia visto e sentido era a de uma criança; após algum tempo, ela se dissolveu.

---

[14] *Erinnerungen*, p. 258.

Jung era um observador crítico que não sucumbia diante da sugestão. Numa das sessões, quatro dos cinco observadores presentes viram um pequeno objeto em forma de lua que pairava sobre o abdômen do médium. Simplesmente não compreenderam que o quinto observador, Jung, era incapaz de perceber a mesma coisa, apesar de lhe indicarem repetidas vezes o lugar em que o fenômeno se tornava visível. Jung deduziu daí a possibilidade de *visões coletivas*, nessa e em outras ocasiões, como, por exemplo, no caso dos chamados "discos voadores".[15]

Quando o professor Fritz Blanke, de Zurique, pediu-lhe uma explicação do jejum de vinte anos de Niklaus von der Flüe (1948), Jung recorreu às experiências realizadas no Burghölzli, sobretudo aos fenômenos de materialização, dizendo, na sua resposta,[16] não ser impossível que a alimentação do santo se tenha feito por via parapsicológica. Pelas próprias experiências, Jung teria constatado que, nos pontos do corpo por onde se davam as materializações ectoplásmicas, havia um aumento da ionização do ar; isso significava que, pela superfície do corpo, entravam e saíam moléculas ionizadas. Aparentemente são essas que formam a neblina esbranquiçada ou luminosa do ectoplasma e das partes corporais materializadas. Mas Jung também não considerava impossível que certas pessoas, no ambiente do médium,

---

[15] C. G. Jung. *Ein moderner Mythus. Von Dingen, die am Himmel gesehen werden.* Zurique, 1958, p. 11.

[16] Publicado em *Neue Wissenschaft*. Oberengstringen, 1950-1951, caderno 7.

devessem ser tidas como fontes iônicas e que a alimentação se processasse de tal modo que moléculas albumínicas vivas passassem de um corpo ao outro. Apoiava a sua hipótese no fato de que "nas experiências parapsicológicas, constatava-se, durante os fenômenos (físicos), uma redução no peso de até vários quilos, tanto no médium como em determinados participantes, todos sentados em balanças". Jung, no entanto, não se detinha em suas ponderações; considerava-as apenas uma possibilidade de explicar o jejum miraculoso. "Lamentavelmente essas coisas ainda são muito pouco pesquisadas", concluía ele na carta a Fritz Blanke, "por isso temos de aguardar os séculos vindouros."

Nos anos seguintes, Jung não se ocupou mais com os fenômenos espíritas ou "ocultos" e nunca explorou cientificamente as suas experiências; contudo, não as achava destituídas de valor: "Eu mesmo nunca me destaquei de modo especial nesse terreno (do ocultismo) por alguma pesquisa original. No entanto, não tenho dúvida ao declarar que observei bastante esses fenômenos e estou inteiramente convencido da sua realidade. Eles são inexplicáveis para mim e, por isso, não posso decidir-me por nenhuma das interpretações habituais".[17] Ocupar-se com esses assuntos era para ele, antes de tudo, um enriquecimento da experiência, o que corresponde, em todos os sentidos, à sua atitude científica empírica: "Nesse campo tão vasto e nebuloso em que

---

[17] Prefácio de Jung à obra de Stewart Edward White. *Das Uneingeschränkte Weltall*. Ed. Origo. Zurique, 1948.

tudo parece possível e, por consequência, nada é fidedigno, cumpre que nós mesmos tenhamos observado, ouvido e lido ainda muitas histórias e, se possível, tenhamos feito verificações por meio de testemunhas para chegarmos a um parecer razoavelmente seguro", afirma ele no prefácio do livro de Fanny Moser, já citado. Esse poderia ser considerado o lema de trabalho de Jung no domínio da parapsicologia.

A esfera atemporal e não espacial da "realidade transpsíquica" naturalmente atrai muitas reflexões e hipóteses, não apenas quanto aos espíritos, mas também quanto ao *além e à vida após a morte*. A concepção de Jung era que, não se dedicando às fantasias relacionadas com isso, o homem perde algo essencial e não forma ideias a esse respeito. A sua vida se empobrece e é provável que a sua velhice se torne mais angustiante; além disso, rompe com uma tradição espiritual que remonta aos primórdios da cultura humana. Desde os tempos mais remotos, a morte e a ideia de uma vida depois dela preenchem o pensamento do homem e o levam a dar respostas religiosas, filosóficas e artísticas para aquilo que não tem resposta racional. Rejeitar essa meditação, essa fantasia e questionamento é, do ponto de vista psicológico, falta de instinto, uma arbitrariedade contra as raízes da alma, paga frequentemente muito caro: a morte continua sendo uma obscuridade temida e se converte em uma inimiga.

No entanto, ao formar ideias sobre a morte e o além, o homem nunca deve se esquecer de que, desse modo, penetra no mundo dos mitos, que talvez sejam terapêuticos e benfazejos, mas nada têm a ver com a ciência ou, ainda, não têm nenhuma relação com ela, visto que na raiz de cada ciência há um mito! No seu livro de memórias, Jung dedicou o capítulo "sobre a vida depois da morte" aos seus "pensamentos fantasiosos" e aos seus "mitos". No artigo "Alma e morte",[18] (1934) ele deu uma resposta científica que é, ao mesmo tempo, uma restrição às imagens míticas. Assinalou, antes de tudo, o fato de que a alma penetra numa esfera atemporal e não espacial, tornando-se também capaz de percepções extrassensoriais. Isso seria, na verdade, motivo suficiente para reflexões, mas não permitiria chegar a conclusões válidas a respeito de uma existência *post-mortem*. Um ano antes de morrer, Jung manifestou com determinação algo maior sobre o mesmo tema. Em carta de maio de 1960, diz que, até onde a alma fosse capaz de percepções telepáticas e precognições, ela se encontraria, pelo menos em parte, num "contínuo fora do espaço e do tempo"; por isso, haveria também a possibilidade de ocorrerem autênticos fenômenos *post-mortem:* "A relativa raridade de tais fenômenos indica, em todo caso, que as formas existenciais da temporalidade interior e da temporalidade exterior são tão rigorosamente separadas que a travessia desse limite é uma das maiores dificuldades. Isso, no entanto, de modo algum impede que, com a vida dentro do tempo, haja outra, equivalente, fora do tempo. É até possível que nós mesmos

---

[18] Em *Wirklichkeit der Seele*, 1ª edição. Zurique, 1934, p. 212ss. *Obras Completas*. Vol. VIII, p. 461ss.

existamos simultaneamente nos dois mundos, coisa de que por vezes pressentimos. Mas do nosso ponto de vista, aquilo que está fora do tempo não pode mais ser modificado; tem uma eternidade relativa".

FENÔMENOS SINCRONÍSTICOS

De importância muito mais profunda do que os fenômenos ocultos ou espíritas, o problema das "aparições" e a questão da existência após a morte, de que tratamos até agora, tornaram-se, para a obra científica de Jung, certas ocorrências não explicáveis de modo causal, e que se denominam *percepções extrassensoriais*. Elas desempenham um papel nos pressentimentos, nos sonhos proféticos, na telepatia, nas precognições e nos "palpites", assim como nos chamados métodos mânticos, como a astrologia, o jogo do Tarô, o *I Ching* chinês etc. A literatura de todos os países revela casos de percepções extrassensoriais como fatos miraculosos e prova de capacidades "sobrenaturais" do homem e do animal.

Na maioria dessas experiências, um fato não conhecido e inacessível aos órgãos dos sentidos é percebido por meio de uma imagem interior, psíquica (por exemplo, em sonho ou numa "visão"), aqui e agora, independentemente de a ocorrência (percebida) já haver, na realidade, se passado ou pertencer ao presente ou ao futuro, ter acontecido ou estar para acontecer nas redondezas ou num continente distante. Nos dias atuais, considera-se normalmente como *acaso* a estranha concordância entre a percepção interior e o evento exterior. Mas isso não explica nada. Jung teve uma atitude cética diante da utilização demasiadamente liberal da palavra "acaso" na ciência. Nessas ocasiões, lembrava-se de Freud, para quem os erros cometidos por "acaso" – como escrever e falar errado, esquecer-se etc. – tornaram-se pontos de partida para importantes descobertas psicológicas. Não há dúvida de que o esclarecimento científico das percepções extrassensoriais estará fadado ao insucesso enquanto se tentar fazê-lo com base no princípio da causalidade. Como pode um acontecimento futuro provocar causalmente um sonho no dia de hoje e de tal modo que se reflita e antecipe nele? Como pode um moribundo em Nova York causar o pressentimento de sua morte num homem que está em algum lugar da Europa ou até mesmo fazer parar um relógio ou levar um copo a estalar? Ou, de modo mais simples e realista: como pode um indivíduo que serve de cobaia obter um resultado positivo que ultrapasse qualquer probabilidade quando tenta "perceber" a sequência das 25 cartas que o responsável pela experiência abre, uma após a outra, em outro aposento? No entanto, foi justamente isso que J. B. Rhine (Duke University, Durham, NC, USA) comprovou estatisticamente com as suas famosas experiências com cartas. Dessas experiências resultou, de modo indubitável, que na verdade o *homem possui a faculdade paranormal de ter percepções extrassensoriais* (designadas geralmente, na literatura, como ESP – *Extra-Sensory Perceptions*).

Em suas pesquisas teóricas sobre a parapsicologia, Jung apoiou-se amplamente nos resultados positivos das pesquisas de Rhine, que haviam acrescentado uma nova dimensão à realidade.[19] "As experiências que realizamos nos ensinaram", escreveu ele, "que o improvável pode acontecer e que a nossa imagem do mundo só corresponderá à realidade quando o improvável também tiver um lugar nela."[20] Para o questionamento científico, as improbabilidades têm maior importância do que o que de antemão parece óbvio.

A parapsicologia esforçou-se, durante longo tempo, para examinar a seriedade e a veracidade dos relatos sobre percepções extrassensoriais espontâneas (não observadas, nem provocadas experimentalmente). Conseguiu isso em inúmeros casos e, em especial, naqueles em que o sonho profético ou o pressentimento foram comunicados *antes* da ocorrência do acontecimento percebido ou quando foram expostos por escrito. Como hoje já há um número bem grande de provas de veracidade publicadas na literatura, e, além do mais, como essas experiências guardam entre si certa semelhança, já não se depende mais da autenticação de cada caso isolado, como nos primórdios da ciência parapsicológica. Ainda assim, a questão das experiências verificadas nunca deixou de ter importância. Nos casos em que os sonhos são

---

[19] Ver J. B. Rhine. *Extra-Sensory Perception*, Boston. 1923 e *New Frontiers of the Mind*. Nova York, 1937.

[20] C. G. Jung. *Ein Moderner Mythus*. Cap. I. p. 86.

anotados de modo sistemático, como, por exemplo, no decorrer de análises psicoterapêuticas, a comprovação é bem mais fácil.[21] A principal objeção à sustentação científica dos fenômenos parapsicológicos baseia-se ainda hoje na *impossibilidade da explicação causal*. Para o homem ocidental é uma dificuldade quase insuperável abandonar a categoria da causalidade — válida como absoluta desde Descartes — e aceitar como realidade as relações não condicionadas causalmente. Tal fato aparece consignado na *Enciclopédia Britânica*, edição de 1961: "*The chief obstacle to a more widespread scientific acceptance of the findings of parapsychology, as some of the fairest and most competent sceptics have pointed out, is the almost complete lack of any plausible theoretical account as to the underlying causal process*". [O principal obstáculo para uma aceitação mais ampla da ciência em relação às descobertas da parapsicologia, de acordo com a opinião de alguns dos mais legítimos e competentes céticos, é a quase absoluta falta de qualquer explicação teórica plausível quanto ao princípio causal oculto.] A ciência natural rompeu a primeira brecha no absolutismo do princípio causal. Após haver reconhecido a validade estatística das leis naturais, era lógico que tivesse de contar com as exceções no reconhecimento das descobertas pela estatística. Desse modo, a validade absoluta da causalidade chegou ao fim e isso

---

[21] Ver C. T. Frey-Wehrlin. "Ein prophetischer Traum" [Um sonho profético], em *Spectrum Psychologiae*. Edição comemorativa do 60º aniversário de C. A. Meier. Organizada por C. T. Frey-Wehrlin. Ed. Rascher. Zurique, 1965, p. 249ss.

principalmente por meio das observações de processos nos domínios limítrofes do cósmico e do nuclear. Jung constatou a correspondência desse fato no terreno da parapsicologia: nas concatenações irregulares, não determinadas apenas pelo consciente, mas também pelo inconsciente, a associação de acontecimentos pode ser, em determinadas circunstâncias, de natureza diferente da causal, exigindo assim outro princípio elucidativo.[22]

Jung deu o nome de "sincronicidade" ao "outro princípio elucidativo" complementar ao da causalidade, definindo-o como "coincidência temporal de dois ou mais acontecimentos não relacionados causalmente entre si, mas de teor idêntico ou parecido".[23] Sublinhou, no entanto, de modo expresso, que o princípio da sincronicidade só deveria ser aplicado quando fosse inconcebível uma explicação causal. Porque "onde quer que a causa seja ainda imaginável racionalmente, a sincronicidade passa a ser uma coisa muito duvidosa".[24]

A definição de Jung provocou frequentes mal-entendidos, porque a citada *coincidência temporal* é muitas vezes compreendida como simultaneidade astronômica. Trata-se, no entanto, de uma *sincronização relativa*, que só deve ser entendida a partir da imagem

---

[22] C. G. Jung. "Synchronizität als ein Prinzip akausaler Zusammenhänge" (posteriormente denominado "Synchronizität"), em Jung-Pauli. *Naturerklärung und Psyche*, estudos feitos no Instituto C. G. Jung. Zurique, 1952. Vol. IV, p. 3. *Obras Completas*. Vol. VIII, p. 479.

[23] C. G. Jung. "Synchronizität", p. 26s., e *Obras Completas*. Vol. VIII, p. 500s.

[24] *Ibidem*. p. 46, e *Obras Completas*, p. 518.

interior, da vivência subjetiva: somente pela experiência, a diferença do tempo é anulada e o fato real, passado ou futuro, torna-se presente. Pode ocorrer que o evento exterior e a imagem interior estejam ligados pela simultaneidade temporal constatável pelo relógio, mas isso não é decisivo. O fator decisivo reside, acima de tudo, na simultaneidade relativa e subjetivamente vivida, razão pela qual Jung elegeu o termo "sincronístico" e não "sincrônico"; falou de "sincronicidade" e não de "sincronismo".

A vivência de Emanuel Swedenborg – relatada por Kant em "Sonhos de um visionário" –, que em Götemburgo teve a visão do incêndio de Estocolmo, faz parte dos eventos sincronísticos, em que a visão coincide temporalmente com o acontecimento exterior. Aqui o fenômeno sincronístico ligou dois acontecimentos que ocorreram sincronicamente. Quando, após ter-se despedido de Friederike Brion, Goethe viu, "não com os olhos do corpo, mas do espírito", o seu sósia cavalgando ao seu encontro, um momento do futuro tornou-se presença imediata. Oito anos mais tarde, ele mesmo cavalgou de volta pelo caminho para visitar Friederike e, para surpresa sua, estava com a roupa que notara em seu sósia naquela oportunidade, "cinza-luzente com algo dourado". As experiências em que o passado torna-se presente vivido parecem ser mais raras ou dificilmente são relatadas. Sensacional foi a experiência de duas professoras inglesas, C. A. E. Moberly e E. F. Jourdain. Visitavam elas, em 1901, o parque de Versalhes, nas proximidades do Petit Trianon, e, em estado de sonho, acompanhado de angústia incomum, tinham encontros alucinadores com figuras do tempo anterior à Revolução Francesa. Perceberam detalhes da disposição do jardim, que sumiram com o fim do estado de alucinação, mas que foram confirmados ao examinarem mapas antigos. As anotações pormenorizadas das experiências que as duas senhoras tiveram foram publicadas em livro, em 1911, sob o título *An Adventure*.[25]

O relato aludido acima, de autoria de Kant, sobre a visão de Swedenborg, do incêndio de Estocolmo, mostra a dificuldade, quase insuperável, de admitir a veracidade e validade dos fenômenos acausais. Nem mesmo esse grande pensador estava inteiramente à altura disso! Em 1758, ele relatou o acontecimento numa carta a Charlotte von Knobloch, acrescentando que um amigo seu andara averiguando o caso e confirmara tudo. Não podia haver dúvida a respeito da visão de Swedenborg. Oito anos mais tarde, apareceu em Königsberg o seu artigo "Sonhos de um visionário, explicados pelos sonhos da metafísica", em que ele se manifesta com muito mais reserva. Os fatos são fielmente relatados, mas Kant se desculpa com o leitor por estar oferecendo aquela "ficção", e deixa a ele o direito de "separar os elementos da ambígua mistura de razão e credulidade contida no estranho relato em que estou envolvido e de calcular a proporção dos ingredientes, distante da minha maneira de pensar". Nas frases

---

[25] C. E. A. Moberly e E. F. Jourdain. *An Adventure*. Com introdução de E. Olivier e nota de J. W. Dunne. Londres, 1948. Ver também A. Jaffé. *Geistererscheinungen und Vorzeichen*. Cap. I, p. 149ss.

seguintes, o próprio Kant insinua que desejava estar a salvo de *zombarias*. O pensamento coletivo se opôs e ainda hoje se opõe ao saber instintivo, não refletido do homem, que sempre teve essas vivências e as levou a sério, assim como o cientista que se atreve a substituir as categorias habituais de raciocínio por novas.

Os fenômenos sincronísticos caracterizam-se não apenas pelo fator temporal, a "simultaneidade relativa" de que se falou até agora; correspondendo à já citada definição de Jung, é igualmente importante o seu *teor*. É o significado ou a vivência de uma conexão significativa que concentra os eventos causalmente não relacionados numa única e*xperiência*. O significado resulta muitas vezes da igualdade ou semelhança da ocorrência interior e exterior. Jung dá um exemplo disso;[26] no momento em que uma paciente lhe contava o seu sonho com um escaravelho dourado, surgiu inesperadamente na janela um escaravelho parecido. Nesse caso há duas ocorrências (o sonho com o escaravelho e o aparecimento do coleóptero), cada uma das quais tem a sua própria causalidade e se encontram ligadas apenas pelo mesmo conteúdo característico.

Pode ocorrer também que um encontro inesperado, seja com uma criança, um animal, um objeto ou a visão de uma paisagem, da queda de uma folha, de uma cena cotidiana ou qualquer outro acontecimento, representem exatamente o estado interior ou até

---

[26] C. G. Jung. "Synchronizität". Cap. I, p. 23ss, *Obras Completas*. Vol. VIII, p. 497ss.

repitam a imagem de um sonho. Essas experiências contemplativas de semelhanças significativas entre o interior e o exterior baseiam-se também na sincronicidade. Com frequência evocam espanto; às vezes também a sensação de pacificação ou libertação, o que deve se relacionar com a intuição da solidariedade com o cósmico, do aconchego no ser.

A igualdade dos conteúdos com que se vivencia um significado pode ir até à repetição fotográfica ou à antecipação de um acontecimento exterior pela imagem interior: inesperadamente, uma pessoa vai para uma cidade estranha e, ao acaso e sem mapa, encontra o caminho. Reconhece tudo outra vez, porque pouco antes estava andando em sonho pelas suas ruas e praças. (É provável que a famosa experiência do *déjà vu* se baseie nesses sonhos antecipadores, porém esquecidos.)

Em muitos casos, a igualdade que caracteriza o fenômeno sincronístico é expressa apenas de modo indireto e é uma concatenação simbólica que provoca a vivência do significado. Isso vale, por exemplo, para as ocorrências estranhas, nas quais um objeto se intromete no evento parapsicológico: é significativo o fato de que um relógio, ao parar de repente, o estalo de um copo, um espelho que se parte ou uma porta que se abre sozinha "anunciem" a morte de alguém, como diz a voz do povo; porque todas essas ocorrências podem ser interpretadas como símbolos do fim ou da transição. O mesmo é válido para os sonhos: a imagem sonhada da queda de uma árvore, de um homem andando sem poder ser alcançado, de uma luz extremamente brilhante ou que se extingue podem anunciar a morte, do mesmo modo que uma viagem ou despedida. Sempre é a conformidade do conteúdo que liga as facetas psíquicas e físicas do fenômeno sincronístico.

Às vezes relatam-se sonhos cujo caráter parece distante e estranho e cujo núcleo simbólico pode antecipar uma morte – mas reconhecível apenas pelo conhecedor de imagens arquetípicas. No derradeiro artigo,[27] escrito antes de sua morte, Jung tratou da série de sonhos de uma menina de 8 anos, que veio a falecer um ano mais tarde. A criança havia anotado os onze sonhos da série num caderno com que presenteou o pai no Natal. Em grandes imagens arquetípicas, eles representam problemas de natureza impessoal, filosófica e religiosa que ultrapassam em muito a compreensão da criança de 8 anos. Um dos sonhos dessa série diz: "Certa vez vi em sonho um animal que tinha muitos chifres mesmo. Com eles, espetava outros animais pequenos. Ele se contorcia como uma serpente e assim fazia das suas. Aí veio um vapor azul de todos os quatro cantos e ele parou de devorar. Depois veio o querido Deus, mas, na verdade, eram quatro queridos deuses nos quatro cantos. Aí o animal morreu e todos os animais devorados ficaram vivos outra vez". Aqui, a significação, simbolicamente expressa, põe o acontecimento da morte prevista ou pressentida numa relação muito ampla, impessoal e

---

[27] C. G. Jung. "Zugang zum Unbewussten" [Acesso ao inconsciente], em *Der Mensch und seine Symbole*. Ed. Walter. Olten, 1968.

religiosa. É uma manifestação da capacidade inerente à alma de formar mitos e uma manifestação da sua religiosidade criativa.

Cada sonho profético, cada pressentimento, tem a sua própria causalidade psíquica, independentemente da outra cadeia causal que leva aos fatos percebidos. O que nesses casos e em outros semelhantes associa as ocorrências interiores e exteriores é o significado, como já foi dito. No entanto, não se deve esquecer de que é o homem quem vivencia e confere o significado, dependendo dele serem esses fenômenos descartados ou não como meros acasos, considerados insignificantes e sem sentido ou, simplesmente, deixados de lado. Por isso, foi de decisiva importância o fato de, no decorrer da pesquisa de concatenações sincronísticas, Jung ter colocado, ao lado do conceito de significado, o conceito objetivo e científico de *coordenação acausal*, uma ordem muito ampla e independente do homem e que está na base das ocorrências acausais e as relaciona. Ainda voltaremos a falar sobre isso.

Corresponde bem à reserva de Jung em assuntos científicos o fato de ele ter esperado mais de vinte anos até apresentar, em 1952, o seu trabalho sobre a sincronicidade, no artigo "Sincronicidade como princípio de associações acausais". Esse artigo apareceu em *Naturerklärung und Psyche*, juntamente com o trabalho do físico Wolfgang Pauli intitulado "A influência das imagens arquetípicas na formação das teorias científicas de Kepler". Jung estabelecera o conceito de sincronicidade, aplicando-o pela primeira vez ao tentar esclarecer o método do *I Ching*, livro chinês de oráculos, oriundo do 4º milênio a. C. (Necrológio para Richard Wilhelm, 1930). No começo dos anos 1920, ele se deparou com o *I Ching*, na tradução inglesa de Legge. Extremamente fascinado, ele o experimentou durante todo um verão. No início, serviu-se ainda do complicado método com os 49 talos de mil-folhas que devem ser separados e contados segundo determinadas regras. Mais tarde, passou para o oráculo mais simples com moedas, segundo o qual, jogando-se seis vezes três moedas tem-se como resultado as seis linhas, o "hexagrama", de um dos signos do *I Ching*. A cada linha corresponde o texto de um oráculo e, a este, um comentário. Há, ao todo, 64 signos ou hexagramas. As respostas positivas e significativas que resultaram dos hexagramas jogados por Jung e seus amigos colocaram-no diante do problema ainda não solucionado dos chamados métodos mânticos, aos quais se juntan também a astrologia, a geomancia, o Tarô etc.

Num prefácio escrito muito mais tarde (1948) para a edição inç esa do *I Ching*,[28] Jung justificou o seu interesse por esses assantos um tanto extravagantes, de que muitos sorriam, dizendo: "A plenitude irracional da vida ensinou-me a nunca rejeitar nada, mesmo que isso infrinja todas as nossas teorias (de vida tão curta!) ou que, de um modo qualquer, se mostre por enquanto inexplicável. É verdade que isso é inquietante; não temos certeza se a bússola mostra a direção certa, mas, cercados

---

[28] C. G. Jung. *Vorwort zum "I Ging"*, *Obras Completas*. Vol. XI, p. 633s.

de segurança, certeza e quietude, não faremos descobertas. Assim acontece com esse método chinês de adivinhação".[29] Entrementes, a crença na imagem quantitativa e mecânica do mundo se revelou cada vez mais como superstição, do ponto de vista dos físicos teóricos.[30] Por essa razão, eles admitiam também a parapsicologia, pelo menos em seus ramos mais importantes, como campo de pesquisa científica, a ponto de ela ser entendida até como "terreno limítrofe entre a física e a psicologia".[31]

Para as pesquisas dos fenômenos parapsicológicos e, especialmente, dos métodos mânticos, foi um acontecimento muito importante para Jung o momento em que chegou a conhecer, em 1923, Richard Wilhelm. O primeiro encontro que tiveram – de que resultou, em pouco tempo, o desenvolvimento de uma amizade – se deu quando Wilhelm tinha acabado de fazer, na China – após dez anos de trabalho com a ajuda de seu amigo, o erudito chinês Lau Nai Süan –, uma nova tradução do *I Ching*, acrescida de comentários aos diversos oráculos. Um dos temas principais tratados pelos dois eruditos foi, naturalmente, o livro e a interpretação dos 64 signos, tão estranhos ao pensamento

---

[29] *Ibid.* p. 639s.

[30] Ver W. Heitler. *Der Mensch und die naturwissenschaftliche Erkenntnis*, 3ª edição, Ed. Vieweg. Braunschweig, 1964, p. 96s.

[31] W. Pauli. "*Naturwissenschaftliche un erkenntnistheoretische Aspekte der Ideen vom Unbewussten*" [Aspectos científicos e de conhecimento teórico das ideias do inconsciente], em *Dialectica*. Vol. 8, 4. Neuchâtel, 1954.

ocidental. Em memória do seu encontro e das suas conversas, Jung escreveu, no já citado prefácio ao *I Ching*: "Sou grato a Wilhelm pelas mais valiosas explicações sobre o complicado problema do *I Ching*, assim como também sobre a exploração prática dos resultados... quando, em certa ocasião, Wilhelm esteve comigo em Zurique, pedi-lhe que elaborasse um hexagrama sobre o estado da nossa sociedade psicológica. Eu conhecia a situação, mas ele absolutamente não. O diagnóstico resultante foi espantosamente certo, o mesmo acontecendo com o prognóstico sobre um acontecimento que só ocorreu mais tarde e que eu mesmo não previra. Não achei esse resultado tão estupendo, pois já fizera antes uma série de notáveis experiências com esse método".[32]

As respostas do *I Ching* só excepcionalmente contêm profecias propriamente ditas. Na maioria das vezes, são circunscrições simbólicas de uma situação psicológica que não está clara para a pessoa que questiona e da qual ela não tem consciência. Jung lhe deu o nome de "livro para os amantes do autoconhecimento e da sabedoria quanto ao modo de pensar e agir".[33] Já que não se tratava mais da situação experimental dos anos 1920 e Jung não estava mais cheio de curiosidade científica, ele só consultou o *I Ching* raras vezes, quando desejava resposta para uma pergunta especial em certa situação específica.

---

[32] C. G. Jung. *Vorwort zum "I Ging"*. Cap. I, p. 634s.

[33] *Ibidem*. p. 638.

O respeito devido ao espírito do velho livro exige essa restrição, e há inclusive um oráculo que diz que somente um tolo perguntaria demais. Uma situação especial surgiu quando Jung foi solicitado a escrever o prefácio à edição inglesa do *I Ching*. Nessa oportunidade, ele dirigiu-se duas vezes ao velho oráculo. Primeiro, perguntou-lhe a opinião quanto à introdução e, quando o prefácio estava quase pronto, perguntou mais uma vez se a sua concepção estaria certa. Os comentários pormenorizados sobre as respostas obtidas ocupam mais da metade da introdução. O leitor imparcial não pode deixar de confirmar que o *I Ching* respondeu sábia e significativamente.

Quando Richard Wilhelm faleceu, em 1930, Jung resumiu, em seu necrológio, a explicação do método do oráculo. Nessa ocasião, aplicou pela primeira vez a noção ou princípio de "sincronicidade": "É que a ciência do *I Ching* não se baseia no princípio causal, mas em outro princípio até agora ainda sem nome, porque não existe entre nós; chamei-o provisoriamente de princípio 'sincronístico'. O fato de preocupar-me com a psicologia dos processos inconscientes há muitos anos forçou-me a procurar outro princípio esclarecedor, porque o princípio causal parecia-me insuficiente para explicar certos fenômenos notáveis da psicologia do inconsciente. É que primeiro descobri existirem *fenômenos psicológicos paralelos* que não se deixam simplesmente relacionar causalmente entre si, mas cuja ocorrência deve ter outra base de relação. Essa relação parecia ser dada principalmente pelo fato da relativa simultaneidade; por isso o termo 'sincronístico'".[34]

Jung explicou os resultados positivos do oráculo *I Ching* como fenômeno sincronístico, isto é, como "inesperado paralelismo de ocorrências psíquicas e físicas";[35] há uma ligação significativa (de identidade), um paralelismo entre o evento real, isto é, a situação presente ou futura em questão, e o oráculo resultante da queda das moedas. Não se deve, porém, esperar que haja alguma regularidade de concordância entre o hexagrama do *I Ching* e a realidade. Não teria sentido também querer comprovar essa regularidade, pois isso depende muito do interrogante e de sua compreensão e consciência do sentido das respostas, quase sempre difíceis e simbolicamente ocultas no oráculo, percebendo-as ou não como justas ou "acertadas". O próprio Jung inclinava-se a crer – sem querer ou poder comprová-lo – que, nas respostas *certas*, "de modo algum, se tratava de um acaso, mas de uma regularidade".[36]

No entanto, essa crença pessoal contradiz a sua teoria científica que afirma que os fenômenos sincronísticos devem ser entendidos, em todas as circunstâncias, como eventos irregulares. Essa crença pessoal parece, contudo, explicada ou justificada

---

[34] C. G. Jung. "Zum Gedächtnis Richard Wilhelms" [Em memória de Richard Wilhelm], em *Das Geheimnis der Goldenen Blüte*. Zurique. 7ª edição. 1965 (Hervorhebungen von A. J.)

[35] C. G. Jung. *Vorwort zum "I Ging"*. Cap. I, p. 638.

[36] *Ibidem*. p. 635.

pelo fato de Jung ter interrogado o *I Ching* apenas em casos de urgência, em momentos de situações críticas, condição prévia dos fenômenos acausais, o que ainda iremos ver.

No curso da explicação do oráculo *I Ching*, Jung tocou também na questão das bases da astrologia, um dos métodos mânticos hoje tão largamente divulgado, sobretudo o ramo moderno da determinação do caráter. De início, ele a entendia como uma função do tempo: do mesmo modo que um conhecedor de vinhos pode determinar com segurança o ano e a região do vinho – o que ao não conhecedor parece muito questionável –, assim também um bom astrólogo é capaz de acertar, falando de qualquer homem, os signos zodiacais em que estão o Sol e o ascendente do seu horóscopo. Esse conhecimento é possível porque no fator *tempo* não há – como geralmente se admite – uma ideia abstrata e uma simples condição de reconhecimento, mas porque deve-se entender o tempo como um *fluxo de ocorrências cheio de qualidades*[37] e porque a qualidade da hora do nascimento adere ao caráter do homem e provavelmente também ao seu destino.

Os antigos mitos astrológicos não expressavam outra coisa além da qualidade intuitivamente captada do momento do tempo. Trata-se das imagens arquetípicas, criações involuntárias do "inconsciente que sabe", projetadas para os astros pelo homem antigo. Tais projeções nunca foram "feitas", mas achadas. "Um fato que merece atenção", escreveu Jung numa carta (junho de 1960),

---

[37] Carta de janeiro de 1934.

"é que não fazemos projeções, mas que elas ocorrem dentro de nós. Isso permite concluir que lemos nos astros os nossos primeiros conhecimentos físicos e principalmente os psicológicos. Isso significa: o mais próximo no mais distante. Em certo sentido, nós nos 'colhemos' no cosmo, no dizer dos gnósticos."

O entendimento da astrologia como função da qualidade de tempo debilita o argumento principal contra a sua seriedade e validade: devido à *precessão do equinócio da primavera*, a posição astronômica dos diversos astros não coincide com a posição calculada astrologicamente no horóscopo. Uma palavra de explicação para isso. O ponto em que o Sol nasce em 21 de março é chamado de ponto da primavera. Dois séculos antes de Cristo, Hiparco de Samos o fixava em zero grau de Áries. Em consequência da rotação do eixo terrestre, esse ponto movimenta-se no sentido horário através dos doze signos zodiacais da eclíptica, o que se chama a sua precessão. Uma volta completa leva 25.200 anos. Para cada signo zodiacal, ele gasta pouco mais de dois mil anos. No início da nossa cronologia (a cristã), o ponto da primavera passava do signo de Áries para o de Peixes e, desde meados no século atual, encontra-se na passagem do signo de Peixes para o de Aquário.

Então, se no horóscopo do nascimento de um homem dos nossos dias o Sol se encontrar no signo zodiacal de Peixes, ele não estará, de acordo com cálculos astronômicos feitos para o dia do nascimento, em Peixes, mas no signo de Aquário. Quando se encontrar, astrologicamente, no signo de Aquário, estará astronomicamente no de Capricórnio, e assim sucessivamente. Como é então que um horóscopo pode estar certo? A objeção astronômica à astrologia seria justificada se o horóscopo fosse realmente baseado nos astros e nas suas influências. Não se trata, no entanto, segundo o entendimento de Jung naquele tempo, da "influência" emanante dos astros e das suas posições, isto é, de uma causalidade, mas sim de uma sincronicidade: da qualidade especial do momento do nascimento, transcrita em mitos e imagens arquetípicas e da sua coincidência acausal com eventos interiores e exteriores da vida.

Com base num exemplo, Jung explicou o conceito de "qualidade do tempo": a definição astrológica do tempo "Sol em Áries" (astrologicamente adjudicado aos meses de março e abril) tem a qualidade "primavera" e é tempo de primavera, "não importa em que zodíaco astronômico real se encontre o Sol. Daqui a alguns milênios, ao dizer 'Sol em Áries', ele estará, na realidade (astronômica), em Capricórnio, isto é, bem no meio do inverno (em signo zodiacal astronômico de inverno),[*] sem que com isso a primavera perca as suas forças".[38] A qualidade do momento do tempo março/abril ou da definição astrológica "Sol em Áries" é e permanece sendo primavera. Ao contrário disso, as posições dos astros como tais são apenas grandezas designadas pelo homem para medir e determinar o tempo, sem declarar

---

[*] A autora se refere ao inverno no hemisfério norte que corresponde ao verão no hemisfério sul. (N. da T.)

[38] *Ibid.* Parênteses da Autora.

algo da sua qualidade. É um velho conhecimento tradicional dos camponeses que os animais domésticos nascidos na primavera ou no outono apresentam diferenças típicas de caráter.

Em 1951, a teoria sincronística da astrologia começou a vacilar. Na reunião de Eranos, em Ascona, Max Knoll fez, naquele ano, uma conferência, "Mudanças das ciências em nosso tempo".[39] Ele expôs que a irradiação de prótons pelo Sol é de tal modo influenciada pelas conjunções, oposições e quadraturas planetárias que o aparecimento de tempestades eletromagnéticas (períodos de manchas solares) poderia ser previamente calculado, com bastante probabilidade de acerto. Por outro lado, como foram constatadas concordâncias entre os períodos de manchas solares e o aumento da mortalidade dos homens, assim como também perturbações nas transmissões radiofônicas nessas fases, há, portanto, uma relação causal, uma efetivação: essas observações astronômicas levaram à conclusão de que as conjunções, oposições e quadraturas tinham um efeito desfavorável, tal como a astrologia tradicional sempre admitiu. Do mesmo modo, registraram-se também os efeitos positivos dos aspectos astrologicamente favoráveis dos trígonos e sextis.

A constatação científica dessas relações causais abriu uma inesperada perspectiva em relação à base teórica da astrologia. Jung estava inicialmente inclinado a não mais incluí-la entre os métodos mânticos baseados na sincronicidade, porque, segundo

---

[39] *Eranos-Jahrbuch*. Ed. Rhein. Zurique. 1951.

esses novos resultados das pesquisas, a possibilidade de uma relação causal entre os aspectos planetários e as disposições psicofísicas do homem deveria ser levada seriamente em conta. Com isso, a astrologia estaria prestes a "tornar-se uma ciência".[40] Mais tarde, Jung reviu esse ponto de vista unilateral e demasiado radical e defendeu a ideia de que, para explicá-lo, dever-se-ia recorrer tanto às relações sincronísticas quanto às causais. Em 1958, registrou numa carta: "Como foi dito, a astrologia parece permitir várias hipóteses, e sinto-me incapaz de decidir por uma delas. É bem possível que precisemos nos refugiar na explicação mista, porque a natureza não costuma se preocupar com a clareza na formação dos conceitos intelectuais".

Em todo caso, os resultados positivos obtidos com a ajuda dos métodos astrológicos tradicionais suscitam ainda hoje perguntas não totalmente respondidas. Após a morte de Jung, a ciência não se preocupou mais com a solução do problema.

A obra *Aion* (1950),[41] pode ser considerada, a partir de certo ponto de vista, um escrito astrológico ou a comprovação da existência de um fenômeno sincronístico de medidas cósmicas: o conteúdo é formado pela apresentação da coincidência significativa entre a era de Peixes (= 1º mês sideral) – iniciada há dois mil anos e de passagem para o próximo mês sideral de Aquário – e o

---

[40] C. G. Jung. "Über Synchronizität" [Da sincronicidade]. Eranos-Jahrbuch, 1951. Cap. I. p. 280. Ver também *Obras Completas*. Vol. VIII, p. 587.

[41] *Aion* precedeu os trabalhos sobre a sincronicidade.

desenvolvimento espiritual do cristianismo nessa era. (O peixe é um antigo símbolo de Cristo.) O paralelismo entre os eventos cósmicos – a passagem do equinócio de primavera pelo signo de Peixes e os acontecimentos histórico-espirituais – é sumamente impressionante. No ano 1000, aproximadamente na época em que o equinócio de primavera alcançou o segundo ciclo de Peixes, começaram os movimentos compensadores do cristianismo que, no entanto, também o minavam, como os catarenses, os albigenses, os valdenses, o movimento do espírito santo de Gioacchino Da Fiori e outras seitas. É verdade que o fim do mundo previsto para o ano 1000 não ocorreu, mas secretamente começou o "segundo ciclo de Peixes", que, de acordo com o conceito tradicional, é a era do Anticristo, cujo apogeu estamos vivendo em nosso século, fato que ninguém pode negar.

O *método* com que Jung abordava os fenômenos parapsicológicos era, ao lado de amplos estudos da literatura antiga e moderna, antes de tudo uma observação meticulosa do caso separado, com os seus dados interiores e exteriores. Os resultados positivos das pesquisas de J. B. Rhine sobre as percepções extrassensoriais foram, como já foi dito, a base de partida. No campo astrológico, Jung não só fez experiências estatisticamente significativas como convidou também, com frequência, à pesquisa estatística das afirmações astrológicas. Em geral, no entanto, a estatística para ele ficava em segundo plano. No prefácio do livro *Spuk* de Fanny Mosers, escreve Jung: "É verdade que, com o apoio do método estatístico, é possível comprovar com certeza mais que suficiente a existência desses efeitos (sincronísticos), assim como o fizeram Rhine e outros pesquisadores.

No entanto, a natureza individual dos fenômenos mais complexos desse tipo não permite a aplicação do ponto de vista estatístico, porque este se mostra como complemento da sincronicidade e, por isso, destrói esse fenômeno por não ser capaz de fazer mais do que eliminá-lo como provável acaso. Quanto a isso dependemos de cada caso isolado, bem pensado e comprovado".

Dificuldade especial apresenta a pergunta: Como se realizam os fenômenos sincronísticos? Empiricamente, é constatável que eles aparecem mais vezes (na forma de sonhos proféticos, intuições, fenômenos psicocinéticos etc.) em torno de acontecimentos arquetípicos, como a morte, a irrupção da alienação mental, as crises etc. Como nas situações arquetípicas o homem reage quase sempre emocionalmente, e até com muita paixão, parece que é a *emoção* que possibilita o surgimento dos fenômenos sincronísticos. É fato que, enquanto dura a paixão, o nível do consciente diminui, de modo que o inconsciente e seus conteúdos – os arquétipos – podem sobressair. O homem é, por assim dizer, levado junto com a sua consciência para a esfera da relativa ausência de espaço e tempo do inconsciente e, desse modo, pode vivenciar mais fenômenos sincronísticos do que no estado sóbrio e tranquilo do consciente. Por isso, essas ocorrências estranhas têm papel muito mais importante na vida dos povos primitivos do que na nossa, porque os primitivos têm a consciência pouco desenvolvida e ainda não nitidamente separada do inconsciente.

Por isso também o elevado dom para as percepções extrassensoriais às vezes observado nas crianças desaparece à medida que elas crescem e o seu consciente se afirma.

Na famosa coletânea de casos parapsicológicos editada por Edmund Gurney, Frederik Myers e Frank Podmore no fim do século XIX, sob o título *Phantasms of the Living*,[42] constatou-se que a maioria das manifestações parapsicológicas espontâneas tem relação com a morte. Essa constatação foi confirmada nas décadas seguintes. A morte representa uma situação arquetípica da mais alta numinosidade. Nela o inconsciente invade a vida, e nenhum homem, nas proximidades do acontecimento, pode se subtrair ao seu poder e, em muitos casos, nem mesmo o animal. A emoção com que a alma reage faz desvanecer os princípios ordenadores do consciente. Os sonhos premonitórios e os pressentimentos, as manifestações estranhas e as aparições são indícios ou arautos do poderoso arquétipo morte.

A tese sobre a relação da emoção com os eventos acausais é, historicamente, bem antiga. Um dos seus primeiros defensores foi Alberto Magno (1193-1280), que admitiu o *excessus affectus* como causa da influência mágica. Jung, por seu turno, se inclinava para a ideia de que a chamada "magia genuína", assim como era praticada, por exemplo, pelos curandeiros das tribos primitivas, baseava-se na capacidade, ainda não esclarecida pela ciência, de entrar de modo voluntário num estado exacerbado de emoção

---

[42] *Londres*, 1886, 2 vols.

e, assim, criar a condição prévia necessária ao surgimento de fenômenos sincronísticos. O mesmo mergulho no estado de comoção interior parece desempenhar também um papel nas chamadas "excursões da alma", com a duplicação de personalidade, empreendida conscientemente.[43]

Em seu livro de memórias, Jung relata um fenômeno sincronístico vivido por ele em estado de comoção interior. Em 1909, ele encontrou Freud em Viena. Interessado em saber a opinião de Freud sobre a precognição e a parapsicologia em geral, perguntou-lhe o que pensava sobre isso. Naquela época, Freud ainda estava rejeitando toda essa complexa questão. Jung narra:

"Enquanto Freud apresentava os seus argumentos, eu experimentava uma sensação estranha. Era como se o meu diafragma fosse de ferro e ficasse em brasa – um diafragma em brasa. E, nesse momento, o armário de livros ao nosso lado estalava de tal modo que ambos nos assustamos terrivelmente. Pensávamos que o armário se despedaçaria em cima de nós; era exatamente essa a impressão. Eu disse a Freud: 'Isso é um dos chamados fenômenos catalíticos de exteriorização'.

"'O quê?', disse ele. 'Isso é um verdadeiro disparate!'. 'Absolutamente', disse eu, 'o senhor está enganado. E, como prova de que estou certo, digo-lhe que haverá logo outro estalido semelhante!' E, de fato, mal disse essas palavras, começou o mesmo ruído no armário!

---

[43] Ver A. Jaffé. *Geistererscheinungen und Vorzeichen*. Cap. I, p. 196s.

"Ainda hoje não sei de onde tirei aquela segurança, mas eu sabia, com absoluta certeza, que o ruído se repetiria."[44]

Jung estava sumamente emocionado (o "diafragma em brasa"); desse modo, o seu consciente havia, por assim dizer, afundado no tempo relativo do inconsciente, e o que estava por vir se comunicou com ele na forma de algo diretamente "sabido". Em muitos casos, a emoção relaciona-se apenas com o acontecimento percebido pela imagem interior (por exemplo, na morte ou em um acidente), enquanto o homem que o viu ou o intuiu pela percepção extrassensorial estava em situação de quietude psíquica. É justamente isso o que lança luz sobre a natureza dos fenômenos sincronísticos. Observando-se isso mais de perto é que se percebe que a emoção deve ser considerada em si mesma apenas como um fenômeno secundário. É verdade que ela pode surgir ali e aqui na pessoa que percebe e no que é percebido, mas também pode estar ausente. Essencial ao aparecimento de fenômenos sincronísticos é a *constelação de um arquétipo*, e só quando a comoção empurra o inconsciente (e assim o arquétipo) para a proximidade do consciente é que passa também a ter importância decisiva.

Os fenômenos sincronísticos ocorrem no âmbito de acontecimentos arquetípicos. Desse modo, seria compreensível seguir o nosso pensamento habitualmente causal e colocar o arquétipo como *causa* transcendental daquilo que, de outro modo, não seria

---

[44] *Erinnerungen*, p. 159s.

explicável. Mas essa dedução se basearia no mesmo equívoco da explicação pela "causalidade mágica", dada pelos primitivos a quase todas as ocorrências da vida. Na realidade, deve-se considerar o arquétipo como *ordenador* dos fenômenos, *sendo a condição deles e não a sua causa*. No "inesperado paralelismo de eventos psíquicos e físicos" manifesta-se a sua própria natureza psicoide (= psicofísica): aqui ele aparece como imagem (psíquica) e ali como fato exterior, oportunamente também como objeto (físico). O arquétipo ordena-se a si mesmo junto com as suas antinomias nas facetas da ocorrência. Esse *estar ordenado significativamente e sem causa* – que já apontamos – é a marca dos eventos acausais que suscitam espanto ou medo.

É sabido que uma grandeza só se torna consciente quando se distingue de outra. Consequentemente, os fenômenos sincronísticos, nos quais os eventos paralelos psíquicos e físicos distinguem-se um do outro, mas formam um conjunto significativo devido à sua identidade, podem ser considerados como *conscientização de um arquétipo*. Em geral, a conscientização é um processo interior da psique. A distinção característica entre um e outro realiza-se pelos pensamentos, sonhos e intuições de cada um. Isso é diferente nos fenômenos sincronísticos. Nestes, os opostos ou os paralelismos, as facetas do arquétipo em vias de se conscientizar, estão separados: manifestam-se psíquica e não psiquicamente, em tempos e lugares diferentes. Como causa dessa "atitude" estranha, devemos considerar o fato de o arquétipo não ser ainda plenamente consciente, mas estar como que numa esfera entre o inconsciente e o consciente. Com uma parte, ainda está no inconsciente – daí a relatividade de tempo e espaço. Com a outra, já penetrou no consciente – daí a cisão da sua natureza psicoide em dois ou mais eventos paralelos de ordem psíquica e física, que se distinguem entre si. É verdade que essa conscientização *in statu nascendi* é de tal modo incomum e enigmática, que a lógica costuma opor-se totalmente à ideia de relacionamento dos eventos conformes. No entanto, nos terrenos limítrofes do psíquico – isto é, em toda parte onde o inconsciente se intromete – não se deve contar com a clareza e as coerências lógico-normativas do mundo consciente.

Na maioria dos casos, não é difícil reconhecer o arquétipo ordenador do fenômeno sincronístico. Como já foi dito, muitas vezes é a morte, um perigo iminente, um acidente etc. No acontecimento ocorrido com Freud, relatado por Jung, tratava-se do fim próximo de uma relação humana íntima. Pode-se tratar também – como, por exemplo, nos métodos mânticos – da esperança de um milagre, do saber de algo que não se pode saber. Numa esperança desse tipo, Jung reconheceu o fundo arquetípico das experiências de percepções extrassensoriais realizadas por Rhine, das quais sabe-se que o número de sucessos diminui à medida que surge o tédio, isto é, a tensão da esperança perde a intensidade e a energia, e o arquétipo mergulha novamente no inconsciente.

Mesmo nos casos aparentemente banais dos acontecimentos sincronísticos pode-se constatar, na maioria das vezes, o seu arquétipo ordenador. No seu livro *Hidden Channels of the Mind*,[45] Louisa Rhine conta o caso de uma jovem que prevê, acertadamente, que vai comer alguma coisa crua, talvez espaguete, e que outra jovem desconhecida lhe dirá: "Isso vai inchar dentro de você" (*That'll swell up in you*). Ao imaginar a curiosidade e até a avidez que levaram a jovem a saborear diretamente da embalagem a "sopa de galinha com massas de Lipton", percebe-se o movimento emocional, enquanto o arquétipo é indicado pelas palavras "alimento", "fome", "comer". Estas circunscrevem um impulso arcaico, que pode ser posto ao lado do da sexualidade. Ambos são como instintos profundamente arraigados no inconsciente e têm importante papel nas imagens arquetípicas dos mitos e religiões. Aparecem como divindades da nutrição e do amor e essa sua figura divina representa, por assim dizer, o lado espiritual do instinto. O instinto e a imagem são as facetas de um mesmo arquétipo. Aliás, o nosso exemplo contém uma involuntária alusão à velha ideia mítica ou arquetípica da concepção pelo ato de comer (*That'll swell up in you*).

A chamada *telepatia* deve também ser entendida como fenômeno sincronístico, apesar de nela se tratar de algo como a duplicação de um mesmo conteúdo psíquico — este aparece tanto no "emissor" como no "receptor" —, e não existe o paralelismo de um evento psíquico com um físico (exterior). É verdade que, na consideração psicológica, a questão de "emissor" e "receptor"

---

[45] Nova York, 1961.

passa a plano secundário. No fundo, ambos são apenas instrumentos do arquétipo autônomo e de seu "arranjo" no tempo e no espaço ou são coautores do drama de uma situação arquetípica. O homem e o seu raciocínio e vontade passam para trás do objetivo psíquico do arquétipo. O processamento do arranjo impessoal e acausal (a duplicação do conteúdo mental em duas pessoas distantes entre si) pode-se realizar também quando nada foi emitido de modo consciente. Assim mesmo, quando às vezes parece que um pensamento foi "transmitido" voluntariamente, o êxito não dependeu do ato da vontade do "emissor", mas a transmissão se realizou porque estava acompanhada de uma emoção genuína, que, por sua vez, é o sintoma do arquétipo constelado.

Uma palavra sobre a "telepatia" entre mãe e filho, tantas vezes admirada e conhecida de todos: a relação mãe-filho representa uma situação arquetípica por excelência. Deve-se acrescentar que, durante longo tempo após o parto, ambos formam uma unidade psicofísica, e, em seguida, uma unidade psíquica, perdurando normalmente durante toda a infância uma forte relação psíquica. Esta quase sempre se baseia tanto no inconsciente como no consciente. Por isso, o fenômeno sincronístico necessita de um impulso bem menor entre os dois do que entre pessoas nas quais a relação inconsciente desempenha papel menos importante e que não estão na mesma situação arquetípica.

Outro relacionamento humano em que o laço inconsciente é determinante, porque nele se realiza também uma situação arquetípica, é o do psicanalista com o analisando. Esse relacionamento se baseia na projeção (unilateral ou recíproca) de conteúdos inconscientes, fenômeno que Freud introduziu na psicologia e na psicoterapia como "transmissão".[46] Em tais relações transmissoras baseadas no arquétipo, o conhecimento de um dos parceiros quanto aos pensamentos e vivências do outro se instala mais facilmente, porque esses se desenrolam numa maior proximidade do inconsciente e, em consequência, podem ser introduzidos mais facilmente na relativização das categorias de tempo e espaço.[47]

Os fenômenos sincronísticos encontram-se entre o consciente e o inconsciente, entre o cognoscível e o incognoscível ou entre este mundo e o "fundo psicofísico transcendental". O consciente e o aquém representam, por assim dizer, um desdobramento de tudo o que, naquele fundo, deve-se pensar estar contaminado e, por isso, permanece uma unidade incognoscível. A ausência de tempo desdobra-se no antes, no agora e no depois do tempo, ausência de espaço no aqui e no lá do espaço e a inimaginável unidade do arquétipo aparece separada como corpo, imagem ou ideia. No fenômeno sincronístico e sua estranha fusão

---

[46] Ver C. G. Jung. *Die Psychologie der Übertragung*. Zurique, 1946, e *Obras Completas*. Vol. XVI, p. 173ss.

[47] Ver também C. A. Meier. "Projektion, Übertragung und Subjekt-Objektrelation in der Psychologie" [Projeção, transmissão e relação sujeito-objeto na psicologia], em *Dialectica*. Vol. 8, 4. Neuchâtel, 1954; consultar Celia Green. "Analysis of Spontaneous Cases: 'Agent/Percipient Relationships'" [Análise de casos espontâneos: relações agente/paciente], em *Proceedings of the Society for Psychical Research* [Procedimentos da Sociedade de Pesquisa Psíquica]. Vol. 53, parte 191. Londres, novembro de 1960, p. 108s.

de tempo, espaço, objeto, algo da unidade original transcendental passa a ser visível ou vivenciável, razão por que traz consigo também um halo de milagre. Trata-se de um paradoxo natural.

As grandezas fundidas nessa realidade unitária ainda não estão completamente separadas; ainda não estão inteiramente dissolvidas no isolamento do nosso tempo e espaço; mas o psíquico e o físico falam a mesma língua, expressam o arquétipo, e o que os une é um sentido apriorístico, existente aparentemente fora do homem, ou, falando de modo mais geral, uma modalidade acausal, um estar ordenado sem causa.[48]

A ligação dos fenômenos sincronísticos com o inconsciente e o arquétipo explica a incalculabilidade deles: o seu aparecimento não pode ser previsto. *Os conteúdos do inconsciente funcionam de modo autônomo*. Essa é uma das constatações mais importantes da psicologia analítica das últimas décadas. A autonomia dos conteúdos inconscientes confere a todas as manifestações do inconsciente – e, desse modo, também às percepções extrassensoriais – um caráter esporádico e irregular. A regularidade e a previsibilidade dos acontecimentos só são garantidas quando os conceitos de espaço, tempo e causalidade têm validade absoluta. Não é esse, no entanto – como já foi dito inicialmente – o caso do terreno limítrofe do consciente com o inconsciente, como tampouco no das grandezas nucleares e cósmicas. Pela sua não conformidade à lei causal, os fenômenos sincronísticos continuam sendo ocorrências de manifestação irregular. São apenas exceções, de acordo

---

[48] C. G. Jung. "Synchronizität, p. 103, e *Obras Completas*. Vol. VIII, p. 574.

com a concepção de Jung. Não são previsíveis, como tampouco o são os processos no domínio subnuclear. Os resultados das experiências de Rhine, no entanto, alteram essa concepção de Jung, no sentido de que se pode contar com a probabilidade estatística de suas manifestações. Nas observações de um átomo isolado, a probabilidade assumiu igualmente, em suas constatações, o lugar de um determinismo rígido.

Os fenômenos sincronísticos assinalam o "estar ordenado sem causa" a que estão sujeitos tanto a psique que percebe quanto o físico que é percebido. Pela concepção dessa ordem ancorada no metafísico, o princípio reconhecedor da sincronicidade encaixa-se nas regularidades válidas das ciências naturais: trata-se apenas de um caso especial de uma ordem hoje geralmente postulada, isto é, de uma ordem transcendental que abrange o interior e o exterior, o espírito e o cosmo. Jung declara literalmente: "Inclino-me, na verdade, para a hipótese de que a *sincronicidade, no sentido mais restrito, é somente um caso especial do 'estar ordenado sem causa' geral,* justamente o da identidade das ocorrências psíquicas e físicas".[49] Um aspecto psicológico desse "estar ordenado" é o "conhecimento absoluto no inconsciente" postulado por Jung, que é um "conhecimento" que independe do consciente. Jung o circunscreveu como "o conhecimento que existe *a priori,* e não explicável causalmente, de um fato não cognoscível no tempo em questão".[50] Outro aspecto resulta da hipótese da *existência*

---

[49] *Ibidem*, p. 104, e *Obras Completas.* Vol. VIII, p. 574.

[50] *Ibidem*, p. 33s., e *Obras Completas.* Vol. VIII, p. 507.

apriorística de um significado, de que já falamos. Essa concepção, contudo, já não pertence mais ao terreno da constatação científica objetiva. Em compensação, o conceito do significado transcendental possibilita uma perspectiva para a numinosidade e caráter religioso do fundamento ordenador do mundo. Na história das ciências, foi um acontecimento significativo o encontro da física com a psicologia e das ciências naturais com a filosofia, mediante o princípio esclarecedor da sincronicidade. Elas se aproximaram com base no postulado desse "estar ordenado" apriorístico que abrange a psique e o físico e com base também nas relações acausais. Pauli escreveu: "É verdade que, em física, não se fala em 'arquétipos' que se reproduzem, mas em 'leis naturais estatísticas de probabilidades primárias'; todavia, ambas as formulações se encontram na tendência de ampliar a antiga ideia restrita da 'causalidade (determinismo)' para uma forma mais generalizada de 'relações' dentro da natureza, às quais se refere também o problema psicofísico, isto é, os fenômenos sincronísticos. Essa maneira de ver as coisas permite-me esperar que as ideias sobre o inconsciente não prosseguirão o seu desenvolvimento dentro do quadro restrito de sua aplicação terapêutica, mas que a sua integração na corrente geral da ciência natural dos fenômenos da vida será decisiva para elas".[51]

---

[51] W. Pauli. "Naturwissenschaftliche und erkenntnistheoretische Aspekte der Ideen vom Unbewussten" [Aspectos científicos e de natureza teórica do conhecimento das ideias sobre o inconsciente], em *Dialectica*. Cap. I, p. 300s.

A psicologia e a física avançaram para uma esfera que se subtrai à observação direta. Deve-se admitir a existência de uma ordem autônoma e intrinsecamente incognoscível por trás dos fenômenos físicos; uma realidade correspondente é o inconsciente coletivo, com os seus ordenadores incognoscíveis em si mesmos, os arquétipos. Para Jung, era lógico considerar ambas as esferas e as suas ordens estruturadoras como uma e mesma grandeza, uma "entidade" transcendental não reconhecida, na qual o mundo interior e o exterior se baseiam. "Esse fundamento do mundo", dizia ele, "é tanto físico quanto psíquico, por isso não é nenhum deles, mas um terceiro, uma natureza neutra, que, por ser transcendental em seu âmago, pode ser, no máximo, vagamente compreendida."[52] Os fenômenos sincronísticos apontam para a unidade psicofísica da formação universal e levam os paradoxos do que é inconcebível para o domínio do consciente.

Os fenômenos sincronísticos só podem ser classificados numa imagem nova e mais completa do mundo, dentro da qual se reconheçam como realidade, ao lado das relações causais, também as relações acausais. No capítulo final do *Mysterium Coniunctionis*, obra escrita na velhice, Jung diz: "O nosso modo científico causalista de ver o mundo dispõe tudo em ocorrências separadas, tratando de isolá-las cuidadosamente de todas as outras ocorrências paralelas. É verdade que esse procedimento é imprescindível para a obtenção de um conhecimento fidedigno, mas tem a

---

[52] C. G. Jung. *Mysterium Coniunctionis*. Vol. II. Zurique, 1955-1956, p. 318.

desvantagem, do ponto de vista filosófico, de debilitar a coesão universal dos eventos, tornando-a não perceptível, o que impede progressivamente o reconhecimento das grandes coesões, isto é, da *unidade do mundo*. No entanto, tudo o que acontece se passa no mesmo e único mundo e faz parte dele. Por essa razão, os eventos devem ter um aspecto apriorístico unitário".[53] O arquétipo transcendental (o psicoide) e as suas ordenações autônomas, que atingem o psíquico e o físico, e mais o postulado correspondente do físico W. Pauli relativo à ordem metafísica – subtraída ao nosso arbítrio –, a que "estão sujeitos tanto a alma do que reconhece como o que é reconhecido pela percepção", permitem reconhecer, por trás das ocorrências isoladas, uma relação universal dos eventos. A sincronicidade indica especialmente uma relação e, ainda mais, uma unidade de ocorrências psíquicas e físicas causalmente não relacionadas. Desse modo, representa um aspecto unitário do ser.[54]

Princípio esclarecedor das relações acausais até agora não compreendidas, a sincronicidade desempenha, portanto, o significativo papel de uma grandeza compensadora baseada na unidade dentro da imagem do mundo de nosso tempo, que tende ao despedaçamento. Por isso, a sua importância não só se encontra no domínio da psicologia e das ciências, mas no fato de ela oferecer uma resposta nova à pergunta filosófica referente à ordem cósmica.

---

[53] *Ibidem,* p. 232.

[54] *Ibidem,* p. 233.

A ALQUIMIA

Jung era um pesquisador orientado em alto grau pela História. Constituía parte essencial do seu método comparar os seus pensamentos, intuições e entendimentos obtidos empiricamente com os testemunhos históricos. Esse método deu-lhe a possibilidade de objetivar as experiências próprias e as descobertas psicológicas e de verificar a sua validade absoluta. Nesse sentido, a alquimia, com as suas obscuras e fantásticas afirmações, é que desempenhou o papel mais importante e até decisivo para Jung. Baseado nas concordâncias dos resultados de suas pesquisas com as imagens e afirmações dos textos alquímicos, ele pôde classificá-los historicamente e, só a partir daí, considerá-los como base de uma ciência.

Durante o seu período de relacionamento íntimo com Freud, Jung teve sonhos significativos que não puderam ser interpretados pela concepção de Freud, que considerava o inconsciente um reservatório de conteúdos psíquicos reprimidos. Naquela época, ocorreu-lhe pela primeira vez a ideia da existência de um inconsciente muito mais amplo e coletivo como lugar de origem de conteúdos psíquicos autônomos, de natureza impessoal. Após separar-se de Freud, seguiu essa pista e começou a experimentar: submergiu no inconsciente, aplicando a técnica da *imaginação ativa*,[1] desenvolvida por ele mesmo não apenas deixando subir os conteúdos dessas profundezas desconhecidas da psique e contemplando-os, mas indo ao encontro deles como se fossem realidades com as quais vivia, sentia e questionava. As imaginações ou fantasias trouxeram à tona um mundo de imagens estranhas e frequentemente numinosas, e ele passou a ser o coautor de dramas misteriosos e profundamente emocionantes da psique interior. Por um tempo, no entanto, o significado das imagens e ocorrências permaneceu enigmático.

A fase de pesquisa e experimentação começara em fins de 1912 e durou até aproximadamente 1919. Foi um período de trabalho pioneiro no terreno do inconsciente que, naturalmente, isolou Jung, por algum tempo, do mundo científico contemporâneo. No entanto, posteriormente ele considerou que esses

---

[1] Sobre a noção da "imaginação ativa", ver C. G. Jung. *Die Transzendente Funktion* (1916), *Obras Completas*. Vol. VIII, p. 75ss., e *Mysterium Coniunctionis*. Zurique. Vol. II, 1955-1956, p. 267ss.

anos tinham sido o tempo mais importante da sua vida. Nessa época brotou – embora de início apenas como uma torrente de fantasias e imagens emocionalmente carregadas – o que, mais tarde, encontrou uma expressão pensada na sua obra científica. As suas experiências de então foram a "matéria que deu origem" à obra de sua vida.[2] A exploração científica das imaginações se estendeu, de fato, por um longo tempo. Só passados cerca de vinte anos é que Jung chegou ao ponto de conseguir entender de algum modo razoável os seus conteúdos. "Eu tinha primeiro de apresentar a mim mesmo a prova da prefiguração histórica das experiências internas", diz ele em seu livro de memórias sobre essa fase crítica da sua vida. "Isso quer dizer que teria de responder à pergunta: Onde se encontram, na História, os meus pressupostos? Se não tivesse conseguido demonstrar isso, jamais poderia ter confirmado os meus pensamentos. Para isso, o encontro com a alquimia tornou-se um evento decisivo, porque só então, por meio dela, surgiram as bases históricas que me faziam falta."[3]

Um bom tempo transcorreu, no entanto, antes que Jung se ocupasse com a alquimia. Antes de ter-se defrontado pela primeira vez, por um feliz acaso, com um texto de alquimia, ele se ocupara intensamente com os *gnósticos*. Isso ocorreu nos anos de

---

[2] *Erinnerungen, Träume, Gedanken von C. G. Jung*. Organizado e publicado por A. Jaffé. Zurique, 4ª edição, 1967, p. 203 (depois denominado *Erinnerungen*).

[3] *Ibidem*, p. 204.

1918-1926. Os gnósticos, tal como ele próprio e os alquimistas, também haviam encontrado primeiro o "mundo primordial do inconsciente"; por isso, eles o atraíram. Jung estudou as suas tradições, mas continuou insatisfeito. Estavam demasiadamente distantes. Só mais tarde ele reconheceu que a alquimia representava o elo entre o gnosticismo e a moderna psicologia do inconsciente. Com essa descoberta evidenciou-se a continuidade de uma corrente espiritual ora mais ora menos clandestina. Há uma cadeia ininterrupta de homens – os alquimistas já os conheciam e se referiam à "cadeia homérica" ou "cadeia de ouro" – que, desde os tempos antigos, empreendiam a façanha impopular, ambígua e perigosa da "viagem exploratória ao outro polo do mundo";[4] em termos de psicologia moderna procuraram explorar o segredo do fundo psíquico e lançar uma ponte para o antagonismo entre o consciente e o inconsciente.

Em 1928 Jung encontrou a alquimia. Ao lado da clínica e da pesquisa científica sobre as quais surgiram, nesse meio-tempo, algumas obras maiores,[5] o trabalho no próprio inconsciente, a

---

[4] *Ibidem,* p. 193.

[5] Trata-se das seguintes obras: *La Structure de l'inconscient*, 1916, ampliada em 1928 para *Die Beziehungen zwischen dem Ich und dem Unbewussten*, editada pela editora Reichl, em Darmstadt e, a partir de 1933, pela editora Rascher, em Zurique, e agora também nas *Obras Completas*. Vol. VII, p. 131ss.; *Die Psychologie der Unbewussten Prozesse*, 1917, e, a partir da 3ª edição (1925), sob o título *Das Unbewusste im normalen und kranken Seelenleben* e, a partir de 1943 (5ª edição), sob o título *Über die Psychologie des Unbewussten*, todas editadas pela

"imaginação ativa", continuou silenciosamente. Como descoberta mais importante dos seus anos de experimentação, Jung assinalou o fato de que, no inconsciente, esboça-se um processo evolutivo, cujo objetivo é a integração da personalidade. Esse processo – Jung falou mais tarde em *processo de individuação* – apresenta-se, nas imagens oriundas do inconsciente, frequentemente como *envolvimento circular de um centro*. E não é raro que também o objetivo do processo, a integração do homem, o *self*, apareça como círculo ou mandala estática. Embora Jung tenha reconhecido a significativa importância dessas figuras, guardou para si durante anos o conhecimento do seu papel no processo de individuação, obtido pelas próprias ideias e pela prática clínica da psicoterapia, porque os resultados das suas pesquisas ainda lhe pareciam questionáveis em mais de um ponto: "Os meus resultados, baseados em quinze anos de esforços, pareciam como que pendentes, por não haver, em parte alguma, possibilidade de compará-los. Eu não conhecia nenhum terreno de experiência humana no qual pudesse apoiar os meus resultados com alguma segurança".[6]

Rascher, em Zurique e agora também nas *Obras Completas*. Vol. VII, p. 1s.; *Psychologische Typen*. Zurique, 1921, e *Obras Completas*. vol. VI.

[6] C. G. Jung. "Vorrede zur Zweiten Auflage" [Introdução à segunda edição] em *Das Geheimnis der Goldenen Blüte*. Trata-se de um livro sobre a vida chinesa, traduzido e comentado por Richard Wilhelm, com um comentário europeu de C. G. Jung. Zurique, 7ª edição, 1967, p. VII.

Surgiu então a mudança. O sinólogo Richard Wilhelm lhe enviou o manuscrito de um tratado chinês sobre alquimia, do círculo cultural taoísta, pedindo-lhe que comentasse o texto. O seu título era *O Segredo da Flor de Ouro: Um Livro de Vida Chinês*. Tratava-se de uma obra rara e, naquela época, ainda bastante desconhecida, cujo conteúdo provém de uma antiga doutrina secreta da China. A sua transmissão oral vai até a época de Tang, no século VIII, e remonta à religião esotérica, ou alquimia, do "elixir da vida de ouro". Seu fundador é considerado o famoso iniciado Lü Yen, incluído pela lenda popular chinesa entre os oito imortais. Mais tarde o texto foi transmitido num manuscrito; o primeiro a ser impresso foi do século XVIII, e só em 1920 organizou-se uma reedição de mil exemplares, que foram distribuídos para um círculo reduzido de pessoas. Foi desse modo que Richard Wilhelm, naquele tempo missionário na China, recebeu um exemplar.[7]

Após a leitura do texto, Jung escreveu a sua impressão. "Devorei imediatamente o escrito, porque o texto me trouxe a inesperada confirmação das minhas ideias sobre a mandala e sobre o círculo ao redor do centro. Esse foi o primeiro acontecimento que quebrou a minha solidão. Ali senti a familiaridade e pude estabelecer contato".[8]

---

[7] *Ibidem*, p. 63ss.

[8] *Erinnerungen*, p. 201.

Foi uma surpresa e satisfação para Jung encontrar, nesse velho texto da alquimia chinesa, baseado em meditações, os símbolos dos conteúdos e estados psíquicos tão bem conhecidos pela sua experiência pessoal e pela de seus pacientes. Isso tinha relação, antes de tudo, com o simbolismo das mandalas. O processo descoberto por ele, a "circulação ao redor do centro", tem também, no tratado chinês, decisivo papel como "circulação da luz". Nesse, também o movimento circular deve levar à configuração da personalidade, à individuação. A flor de ouro ou flor de luz que é levada a se abrir, no centro, pelo movimento circular, representa uma mandala verdadeira. Psicologicamente, é um símbolo do *self*.

Surgiram ainda outras analogias. Jung interpretou as figuras do demônio masculino nas nuvens, "Hun", e da alma branca, ctônica, "Po", como correspondências do *animus* e da ani a. Antes de tudo, revelou-se a semelhança dos objetivos: a "cria io do corpo diamantino", pelo qual se esforçam as meditações lo texto chinês, era a expressão simbólica da transferência do c n-tro psíquico do Eu para uma instância espiritual-psíquica superior, do pessoal para o impessoal. Isso enfoca uma transformação psíquica, que Jung havia igualmente reconhecido e vivenciado como objetivo do processo de individuação – o retrocesso do Eu em favor da integridade do *self*. Também os iniciados ocidentais procuraram expressar a mesma coisa com a sua arte hermética da criação da pedra indestrutível, o *lapis philosophorum*.

Pelo parentesco entre as imagens e ideias manifestadas pelo homem ocidental e pelo chinês, durante os seus raciocínios e meditações, Jung recebeu a confirmação, há tanto tempo procurada, do *inconsciente coletivo* e dos *arquétipos*. A existência dessas formas estruturais ordenadoras no inconsciente permite esclarecer a oportuna analogia e identidade dos motivos míticos e símbolos dos povos de todas as raças e países. Jung chamou de *arquetípicos* tais motivos e imagens. Sua importância prática está no fato de eles conduzirem à comunicação inter-humana e serem até mesmo os únicos que a facilita. O conhecimento dos conteúdos e motivos arquetípicos, o reconhecimento de algo em comum por trás das diferenças individuais da roupagem histórico-cultural, facilitam a compreensão do outro, do estranho. Em 1928, Jung deu ao seu comentário psicológico o nome de "uma tentativa de lançar uma ponte de compreensão interior da alma en ·e o Oriente e o Ocidente".

Richard Wilhelm também ficou surpreso e impressionado co as concordâncias entre os resultados das pesquisas de Jung e a velhas sabedorias chinesas; "encontrei Jung na China", foi a fórmula com que expressou a sua surpresa; "tanto a sabedoria chinesa", escreveu ele, "como o doutor Jung desceram – independentemente um do outro – às profundezas da psique coletiva dos seres humanos e lá encontraram entidades que são tão parecidas exatamente porque existem de verdade. Isso poderia comprovar que a verdade é alcançável a partir de qualquer ponto, contanto que se cave bastante fundo; assim, a concordância do cientista suíço com os antigos sábios chineses mostra, então, que ambos estão certos por haverem ambos encontrado a verdade".[9]

Porém, Jung nunca deixou de salientar também o outro aspecto da personalidade humana: o fundamento arquetípico e universal da alma só pode ser realizado significativamente pela multiplicidade da vida individual e pela diversidade dos elementos determinados pela História, pela cultura, pela tradição, pelas tendências e pelo ambiente. O fundo psíquico – o inconsciente coletivo e os arquétipos – é o mesmo por toda parte; a figura consciente no primeiro plano é a sua única e sempre renovada combinação e modificação.

Ao comentar *O Segredo da Flor de Ouro*, Jung teve o interesse despertado para a alquimia. Pouco depois adquiriu, numa livraria de Munique, a primeira obra de alquimia da sua biblioteca. Eram os dois volumes da *Artis Auriferae Quam Chemiam Vocant*, uma composição de mais de vinte tratados em latim, editados em 1572, sendo que uma segunda edição foi lançada em 1593, em Basel. Não ficou nisso, no entanto, e, dentro em pouco, tornou--se um colecionador e, no correr dos anos, os livros e fólios de alquimia passaram a constituir importante componente da sua biblioteca. Após a sua morte, o catálogo sobre literatura alquimista abrangia mais de duzentos números.

Na vida de Jung, os acontecimentos importantes se faziam anunciar, muitas vezes por meio de sonhos; assim também ocorreu

---

[9] R. Wilhelm. *Meine Begegnung mit C. G. Jung in China.* "Neue Zürcher Zeitung" de 21/1/1929.

o seu encontro com a literatura alquimista, que deveria exercer influência tão decisiva no seu pensamento e na sua obra. Jung conta o seguinte a respeito disso, no seu livro de memórias: "Antes de ter descoberto a alquimia, apresentaram-se, de modo repetido, sonhos em que o motivo era sempre o mesmo: ao lado da minha casa havia outra, isto é, outra ala ou construção anexa, que me era estranha. Todas as vezes eu me espantava no sonho por não conhecer a casa, embora aparentemente ela sempre tivesse estado ali. Finalmente, ocorreu um sonho em que consegui entrar na outra ala. Ali descobri uma maravilhosa biblioteca, que, em sua maior parte, provinha dos séculos XVI e XVII. Nas paredes havia grandes e grossos fólios, encadernados em couro de porco. No meio deles, havia alguns ornamentados com gravuras de cobre, de natureza estranha, que continham imagens de símbolos esquisitos que eu jamais vira. Daquela vez ainda não sabia a que se referiam, e só muito depois reconheci que eram símbolos alquímicos. Em sonho, vivi apenas a indescritível fascinação que emanava deles e de toda a biblioteca. Tratava-se de uma coleção medieval de incunábulos e de impressos do século XVI. A ala desconhecida... e, em especial, a biblioteca, se relacionavam com a alquimia, que eu ainda não conhecia, mas cujo estudo estava iminente. Cerca de quinze anos mais tarde, eu havia realmente reunido uma biblioteca razoavelmente semelhante".[10]

---

[10] *Erinnerungen*, p. 206.

O sonho deu-se por volta de 1925. Em 1940, a coleção de Jung estava praticamente concluída. Ele estava ciente do valor e raridade da sua coleção, e alegrava-se com isso. Quando havia oportunidade, ele a exibia com verdadeiro orgulho de colecionador aos bibliófilos. Ele mesmo, no entanto, não era um bibliófilo no sentido comum da palavra; não colecionava os livros como tais; interessava-lhe o seu conteúdo. Havia assim, por exemplo, entre eles, também dois volumes de fotocópias, o *Codex Vossianus Chemicus*, da biblioteca universitária de Leiden, e a obra de Abraham Le Juif (século XVIII), da Biblioteca Nacional de Paris, sem falar de obras modernas, como, por exemplo, os três volumes de Marcellin Berthelot da obra *Collection des Anciens Alchimistes Grecs* (Paris, 1893).

No decorrer da sua interpretação psicológica dos textos alquímicos, então ainda incompreensíveis, Jung viveu a verdade do dito alquimista: *liber librum aperit* (um livro abre outro). É por isso que Jung estava interessado em conhecer o número completo dos textos alquimistas e, se possível, também possuí-los. Lia com facilidade os escritos latinos e também os textos gregos, mas, nas traduções destinadas à publicação a doutora M.-L. von Franz dava-lhe a sua prestimosa ajuda.

A coleção de Jung encontra-se ainda hoje em sua casa, em Küsnacht, no grande aposento de trabalho que servia também de biblioteca e que foi deixado inalterado. Ali está sua escrivaninha, onde recebia pacientes e amigos. A janela e a porta envidraçada que conduz a um estreito balcão estão voltadas para sudoeste, com vista para o jardim e o lago e ainda para as longínquas montanhas cisalpinas. Nos dias claros, o sol poente flui pelo espaço. Os livros de alquimia têm o seu lugar na parede protegida da luz, entre a janela e o balcão. Uma bela estufa antiga, de ladrilhos verdes e de considerável tamanho, encontra-se ao lado de outra porta que leva a uma biblioteca menor, de uma só janela, voltada para noroeste. A casa é habitada hoje pelo filho de Jung, o arquiteto Franz Jung, e sua família. A biblioteca é acessível aos estudiosos, mas a coleção de alquimia só o é a personalidades especialmente recomendadas, devido ao seu valor como raridade.

A riqueza dos textos, com suas imagens misteriosas, aparentemente diferentes, porém afins, e as suas descrições, passaram a ser muito significativas para a pesquisa de Jung. A volumosa coleção de obras de alquimia foi para ele um auxílio imprescindível e uma "mina de ouro" de conhecimentos psicológicos. Entre os muitos livros, não havia nenhum que ele apreciasse mais do que outros, que lhe interessasse mais do que outros. Segundo o tema que o ocupava no momento, ele preferia ora um, ora outro escrito, que se encaixasse justamente nesse tema. Na velhice, sua preferência entre os alquimistas voltava-se especialmente para Gerardus Dorneus, o douto filósofo e médico de Frankfurt (do Meno) do século XVI. Os importantes pensamentos deste sobre o trabalho e a meditação, sobre os níveis espirituais do "opus" e da conjunção, como também sobre a concepção do *unus mundus* (o mundo único) forneceram a Jung a chave para a compreensão das aspirações alquimistas. Um dos escritos mais citados na obra de Jung é o "Rosarium Philosophorum", de autor anônimo, que apareceu em 1550 em Frankfurt e foi incluído no segundo volume da obra *Artis Auriferae*. A monografia *Die Psychologie der Übertragung*[11] contém uma interpretação pormenorizada das imagens e do texto desse tratado. Numa das minhas primeiras sessões de análise, no final dos anos 1930, Jung me recebeu dizendo que queria mostrar-me "algo muito precioso e muito misterioso" e pegou na prateleira um volume delgado, com lombada de couro, e o colocou na minha mão. Como o próprio título indicava – *Mutus Liber* [Livro mudo] – tratava-se de um livro de imagens, sem texto, editado em 1677 em La Rochelle, e foi a primeira obra de alquimia que cheguei a ver. Olhando as suas imagens e conversando sobre alquimia, passamos uma dessas sessões de análise, tão característica do "método" de Jung, que deixava uma influência permanente.

Sobre a técnica de trabalho, com ajuda da qual se abriu a compreensão da obscura e enigmática linguagem alquímica, Jung nos conta no seu livro de memórias: "Levei longo tempo para encontrar o fio no labirinto dos pensamentos alquimistas, porque nenhuma Ariadne o havia posto na minha mão. No "Rosarium Philosophorum, observei que certas expressões e locuções estranhas se repetiam com frequência. Assim, por exemplo, *solve et coagula, unum vas, lapis, prima materia, Mercurius* etc. Percebi que

---

[11] Zurique, 1946, e *Obras Completas*. Vol. XVI, p. 173ss.

De um volume de excertos sobre alquimia de C. G. Jung
(Tamanho original, dois terços de página)

212

...ex, fortissic̄ ac debile, mors et refectio, risibil̃ in-
isibilis durisymolle, i terra descedes u ad caelū ed
cedes, sumā & infrē, levissimū & gravissīā, in me na
turae ordo saepe ivertit, i colore, numero, podus &
mesura naturale laniē gtinēs, obscurō & lucid, ex
celo & terra pgrediēs, noct̄ & omnō existēs, color
tes in me elucet, & metalla ōiā p solis radios: car
buenō solaris . . .

Sicex ego debil & ifm̄ quāe Draco, caveae ielap . . . siu̇ut
egie corōa rudimar . . . serū pegitiō vie priu̇ existō̄,
post haec vero ōes regi thesauros possidebō, gladius
qed magis formict̄ me officit . . . Aīa mea apriē
nec me dereliquit, veēu atrox, corvo nigro assimi-
or, haec eū malitia morces, i pulvere & terra cubo,
tūc vero ex trib' iu̇ fieret . . .

70 ex me heros ille pacis, eq̇ne iuversō orbē aspiciat,
exoriatur: T corpe meo sulphur, sal & Mercurie res.
ietē . . .
heros ille rubeō appareat, huic eū e filii praepotēs,
natus, parē i toti' mūdi abiturū habes . . .

71 Viri decē Heroē hũc ad terrā psternōtes, vita
exuuit, qd tamē flagitiū illis remittit̄ & gdonat,
post haec in vita hāc rediviō, sepeterna vita
gaudet, p sine majorpars morte eū reviviscēs,
sei substātiā eū gmūicat, urbe tuē uēdiā obsidiā
gagit, quo ehii paciāt & moriatp . . . hostes
idē eū morte pariter c eo occubet, si modo
loriae & lioris plicipes fieri velit. Mera aūt
eqeatia q̇uis apparet . . .

72 iuvici reg' torquet̄ & malitiā suā equosēts
cubit oēs pariter . . . urbs eox ablostis & iei
blubetz . . . Verū heros hic tēo uā Rex verdeu,

tais expressões sempre eram usadas em determinado sentido, que, no entanto, não consegui captar com certeza. Decidi então organizar um dicionário de referências cruzadas. Com o passar do tempo reuni muitos milhares de apontamentos, os quais formaram volumes só de excertos. Segui um método puramente filológico, como se fosse o caso de decifrar uma língua desconhecida. Surgiu assim aos poucos o sentido das expressões alquimistas. Foi um trabalho que me deu o que fazer, durante mais de uma década".[12]

Em 1935, após anos de estudos alquimistas, Jung apresentou-se com os seus resultados pela primeira vez ao público. Em sua conferência, "Símbolos oníricos do processo de individuação", no congresso de Eranos, em Ascona, ele completou imagens oníricas modernas com imagens paralelas alquimistas. No congresso seguinte, em 1936, falou sobre as "ideias da redenção na alquimia".[13] Dessas conferências nasceu, após mais sete anos de trabalho intensivo, a obra fundamental *Psicologia e Alquimia*, de 1944. As próprias conferências de Eranos já revelavam por que os textos de alquimia tinham se tornado, para Jung, uma das fontes mais importantes para a pesquisa do inconsciente: a obra neles descrita – o "opus" alquímico – não deve ser entendida

---

[12] *Erinnerungen*, p. 208s.

[13] As conferências foram editadas nos anuários de Eranos, pela editora Rhein de Zurique, em 1935 e 1936.

apenas como procedimento químico, porém muito mais como obra de natureza psíquica.[14]

Para os alquimistas, a matéria era ainda um mistério e é uma regra psicológica que, ao se confrontar com o desconhecido, o inconsciente do homem se constela: conteúdos psíquicos até então não sabidos surgem como imagens e se projetam para o desconhecido, parecendo vivificá-lo e torná-lo compreensível. Isso ocorreu também com os alquimistas. O que eles vivenciaram como se fossem as qualidades da matéria eram, na realidade, conteúdos do seu inconsciente. As vivências psíquicas que tinham enquanto trabalhavam pareciam-lhes uma particularidade dos processos químicos de transformação. A ocupação com a matéria deve – como escreve Jung – "ser considerada um esforço sério para penetrar na natureza das transformações químicas; mas esse era também, ao mesmo tempo – e isso, com frequência, de modo preponderante –, o retrato de um processo psíquico que ocorria paralelamente".[15] Desse modo, aconteceu que, ao procurar esclarecer um mistério, o alquimista projetava neste outro mistério, que era o do seu desconhecido fundo psíquico. Eram os níveis e imagens de um processo de transformação interior que encontraram a sua expressão na linguagem pseudoquímica do simbolismo alquímico. A alquimia ganhou,

---

[14] Herbert Silberer havia-se ocupado com o aspecto psicológico da alquimia antes de Jung. Ver a sua obra *Probleme der Mystik und ihrer Symbolik*. Viena, 1914.

[15] *Psychologie und Alchemie*. Zurique, 1944, 2ª edição, 1952, p. 58.

para Jung, o aspecto novo e importante de "psicologia projetada do inconsciente coletivo, o que a coloca na linha da mitologia e do folclore. O seu simbolismo tem relação muitíssimo estreita com o simbolismo dos sonhos, por um lado, e, por outro, com o religioso".[16]

Jung estava naturalmente interessado em achar textos que comprovassem que os complexos procedimentos alquímicos não eram apenas de natureza química, que os velhos mestres não tinham manejado a retorta apenas para produzir o ouro metálico, mas sabiam do fundo psíquico, do problema espiritual--religioso do processo transformador da matéria por eles descrito. Conseguiu isso em pouco tempo. Tanto nos textos mais antigos como nos mais recentes, topou com alusões que deixavam adivinhar o aspecto psíquico dos processos alquímicos e encontrou descrições das vivências visionárias e oníricas que acompanhavam o "opus". No livro de Krates.[17] do século IX, toda a doutrina alquímica é representada na forma de um sonho. No *Abtala Jurain*,[18] tratado alemão bem posterior e talvez não mais tão original, o autor conta como, ao misturar cuidadosamente água estagnada de chuva com gotas "de vinho tinto abençoado", surgiu diante dos seus olhos todo o evento da gênese...

---

[16] C. G. Jung. Prefácio ao catálogo de antiguidades *Alchemie II*, de K. A. Ziegler. Berna, 1946.

[17] *Psychologie und Alchemie*, p. 343, nota 1.

[18] O título exato é *Abtala Jurain Filii Jacob Juran, Hyle und Coahyl*. Trad. do etíope para o latim e deste para o alemão por Elias Müller. Hamburgo, 1732.

"e como isso se processou e os grandes mistérios que não são pronunciáveis e que não tenho permissão de revelar".[19] Quanto à "contemplação com os olhos espirituais", durante os processos alquímicos, o tratado *Novum Lumen*, de Sendivogius, do século XVII, por exemplo, relata: "Deixar surgir as coisas ocultas na sombra e tirar delas a sombra, (isso) Deus permitiu ao filósofo inteligente pela via natural (*per naturam*)... Todas essas coisas acontecem e os olhos dos homens comuns não as veem, mas os olhos do intelecto e da *força imaginativa* as percebem com a visão (*visu*) mais verdadeira".[20] O lado espiritual dos esforços alquímicos se revelavam, com toda a clareza, em pronunciamentos como *aurum nostrum non est aurum vulgi* (o nosso ouro não é o ouro comum) e em conceitos repetidos com frequência, como *lapis invisibilitatis* (pedra da invisibilidade), *lapis philosophorum* (pedra dos filósofos ou dos sábios), assim como na divisa *tam ethice quam physice* (tanto moral quanto fisicamente) e em inúmeras metáforas semelhantes. Sobretudo as tentativas, sempre repetidas, de descrever as qualidades enigmáticas e as transformações das substâncias contêm tal riqueza de ideias religiosas e tantas referências à numinosidade oculta, que dão à alquimia um franco sentido de *movimento religioso*. Foi a esse aspecto que Jung dedicou, acima de tudo, o seu interesse. Para ele, um dos

---

[19] Citado, segundo Jung, em *Psychologie una Alchemie*. Cap. I, p. 340.

[20] *Musaeum Hermeticum*. Frankfurt/Meno, 1677. Citado, segundo Jung, em *Psychologie und Alchemie*. Cap. I, p. 345.

maiores mistérios psíquicos era a capacidade de a alma produzir símbolos religiosos, e esse mistério se revelava nas projeções alquímicas, nas suas meditações e visões.

Para os alquimistas era, no entanto, a matéria que parecia ser a origem do numinoso. Eles viram nela o recipiente de um espírito divino que deveria ser reconhecido e libertado. Para os adeptos de Paracelso, a matéria adotou a indizível qualidade do *increatum* (o incriado), razão que a torna igual a Deus: desde a Eternidade ela existiria ao lado Dele.[21] Compreende-se então que, em vista dessa matéria plena de tamanho significado, o trabalho de laboratório, as experiências, o fato de filosofar, o aprofundamento onírico nas transformações e também a pesquisa concreta das qualidades constituíssem um culto religioso para os alquimistas. No prefácio à *Psicologia e Alquimia*, Jung expõe as problemáticas religiosa e psicológica da alquimia; esse prefácio faz parte do que de mais importante ele escreveu sobre a religiosidade criativa da alma.

Havia muito que Jung se ocupava com o tema da *anima naturaliter* religiosa (a natural religiosidade da alma). A primeira vez que falou disso publicamente foi em 1937, por ocasião das *Terry Lectures*, na Universidade de Yale. Essas conferências apareceram mais tarde, em alemão, sob o título *Psychologie und Religion* (Psicologia e Religião).[22] Também nessas conferências o ponto de

---

[21] Ver C. G. Jung. *Mysterium Coniunctionis*. Vol. II, 1956, p. 316.

[22] Zurique, 1940, e *Obras Completas*. Vol. XI, p. XVIIss.

partida era formado pela comprovação de que os motivos arquetípicos que fazem parte da linguagem figurada dos alquimistas — o círculo quadripartido, o quadrado e a mandala — reaparecem no sonho do homem moderno, que não tem nenhum conhecimento de alquimia.[23] Eram "grandes" sonhos significativos que tinham, indubitavelmente, caráter religioso, nos quais apareceram essas configurações; eles deixavam a impressão "da mais sublime harmonia". Para os alquimistas, as mesmas imagens e figuras não eram menos impressionantes e nem menos ricas de significado oculto. Era, antes de tudo, o círculo que nos textos antigos e nos mais recentes passava como símbolo da mais elevada realidade religiosa ou espiritual, com o que a alquimia ocidental confirmava a descoberta de Jung de que o círculo deve ser considerado como uma das figuras arquetípicas centrais do inconsciente coletivo. Para os alquimistas ele era idêntico à indestrutível "pedra dos sábios" e significava, ao mesmo tempo, o ouro procurado; tanto numa como noutra forma de manifestação, ele aponta para a preciosidade procurada pelo "opus" e para o objetivo *tam ethice quam physice* a ser alcançado. Relacionado com a quadruplicidade no círculo quadripartido e com a famosa *quadratura circuli*, ele adquiriu o significado de *alegoria da divindade*. Esse simbolismo só é surpreendente quando a alquimia é entendida apenas como pseudoquímica e não se leva em conta

---

[23] Os sonhos fazem parte da série que Jung tratou na primeira parte de *Psychologie und Alchemie*.

que a atividade dos iniciados era a expressão de um interesse religioso verdadeiro. No fundo, a mística da matéria era a mística da alma ou – de um ponto de vista psicológico – a aspiração ao mundo numinoso das imagens e símbolos do inconsciente, que eles contemplavam no médium da matéria.

O resultado natural disso é que, nas tentativas de descrever as qualidades, o comportamento e as transformações das substâncias, foram feitas também alusões simbólicas às experiências visionárias e às intuições religiosas. Desse modo, gerou-se a mescla, frequentemente grotesca e quase indecifrável, de conceitos e imagens químicos, filosóficos, religiosos e profanos – a linguagem "louca" dos textos alquímicos. Igualmente loucas e fantásticas se afiguram as gravuras de madeira e as miniaturas coloridas que ornamentam as obras antigas, que são, com frequência, muito expressivas. O estilo delas, penetrou no terreno profano e atingiu a maestria com Hieronymus Bosch.

O elevado número de paradoxos, que são uma especialidade da linguagem da alquimia, explica-se pelo fato de que, no fundo, os iniciados procuravam uma expressão para os conteúdos do inconsciente percebidos onírica ou intuitivamente. Declarações inequívocas só têm valor dentro do espaço iluminado pelo consciente, para conceitos e fatos que possam ser esclarecidos pelo pensamento racional. O que transcende o consciente e cai na esfera do inconsciente pode ser circunscrito apenas, de modo aproximado, pelo paradoxo. Os velhos mestres esforçavam-se, com as suas imaginações e especulações, por achar ou produzir uma matéria que não fosse apenas matéria, mas também espírito. Eles a chamavam "substância arcana" e tentavam circunscrevê-la com um sem-número de paradoxos e antinomias. As comparações interpretativas dos textos, realizadas por Jung, a revelavam como analogia simbólica do inconsciente.

Embora os alquimistas se tivessem, em sua maioria, na conta de bons cristãos, consideravam – segundo suas próprias declarações – o "mistério da pedra" ainda mais elevado do que o mistério do cristianismo. Melchior Cibinensis (século XVI) descreve o "opus" como uma paráfrase da missa.[24] Paracelso (n. 1493) coloca a relação "da luz da natureza" no mesmo nível da revelação cristã, demonstrando desse modo que era um pensador pleno do verdadeiro espírito da alquimia.[25]

Um grandioso exemplo do caráter religioso da alquimia e da sua relação com a Bíblia e o cristianismo é a primeira parte de "Aurora sive Aura Hora", de Tomás de Aquino (n. 1225).[26] O volume *Artis Auriferae* contém apenas a segunda parte da obra, mas, em lugar da primeira, há uma nota elucidativa do tipógrafo

---

[24] "Adam et processum sub forma missae a Nicolao (Melchiori) Cibinensi..." em *Theatrum Chemicum*. Cap. I, vol. III, p. 853ss. – Ver C. G. Jung. *Psychologie und Alchemie*. Cap. I, p. 538ss.

[25] Ver C. G. Jung. *Paracelsica*. Zurique, 1942, com dois ensaios: "Paracelsus als Arzt" [Paracelso como médico] e "Paracelsus als geistige Erscheinung" [Paracelso como fenômeno espiritual].

[26] Ver M.-L. von Franz. *Aurora Consurgens* [C. G. Jung. *Mysterium Coniunctionis*, vol. III]. Zurique, 1957.

em latim que explica e justifica a sua negação em imprimi-la, com argumentos religiosos. Em *Psicologia e Alquimia*, Jung apresenta um resumo dessa nota, dizendo: "Ele (o tipógrafo) teria suprimido intencionalmente todo o tratado das parábolas e alegorias, porque quase toda a Santa Escritura, especialmente *Salomão*, o *Saltério* e, sobretudo, o *Cântico dos Cânticos*, foram tratados pelo autor – segundo o modo antiquado dos obscurantistas (*antiquo more tenebrionum*) – de maneira tal que dava a impressão de que toda a Santa Escritura tivesse sido escrita apenas em honra da alquimia. O autor teria até deturpado o sagrado mistério da encarnação e da morte de Cristo, profanando-o como o "mistério da pedra"; na verdade, teria sido sem intenção maldosa, mas do jeito como esse tempo de trevas (*seculum tenebrarum*) o trouxera consigo, coisa que ele (o tipógrafo Conrad Waldkirch) não se negaria a admitir". Jung acrescentou que, "desse modo, Waldkirch referia-se ao período anterior à Reforma, cuja relação com o homem e a matéria e a sua vivência da presença divina no mistério da matéria já desaparecera da visão dos protestantes".[27]

A imagem do deus ou espírito que estava no centro do mistério alquímico era, de algum modo, idêntica à ideia cristã mais elevada de Deus. Do ponto de vista numérico, elas se distinguiam pelo fato de a ideia de deus da alquimia ser caracterizada pelo "quatro" – segundo o velho dito gnóstico, "dentro do Quatro está

---

[27] Cap. I, p. 512s.

Deus"[28] —, enquanto a cristã encontrara a sua expressão mais diferenciada no três, na Santíssima Trindade. As especulações alquimistas sobre esse mistério aludem ao espírito manifesto na criação – tanto na matéria como no homem –, isto é, à imagem da *anima media natura*, que também é de origem gnóstica e remonta ao mito antigo do *nous* imerso na matéria.

Essa *presença divina no segredo da matéria* ou espírito na matéria foi designada também *Mercurius* pelos alquimistas, devido à sua natureza evasiva e inconcebível. Outros nomes eram *filius macrocosmi, Salvator, elixir vitae, deus terrenus ou lapis,* contanto que esse também fosse entendido como *spiritus*. O espírito do mistério alquimista era um espírito ctônico, ao qual não faltava o elemento feminino, ao contrário do espírito luminoso da trindade masculina. Por isso, as suas personificações e concretizações em imagens eram quase sempre andróginas. Há notáveis alusões segundo as quais ele continha também o elemento do obscuro e do mal. Em oposição ao inequívoco caráter do filho de Deus cristão, ele fora circunscrito por inúmeros paradoxos como filho da mãe natureza.

Das características do espírito ctônico – em torno do qual giravam as ideias da alquimia – resultou a postura da alquimia em face do mundo cristão daquela época: *a sua relação com o cristianismo era compensadora,* tal como o sonho com o consciente. Na

---

[28] Ver H. Leisegang. *Die Gnosis*. Leipzig, 1924, p. 186ss. (Capítulo "Die Barbelo-Gnostiker" [Os gnósticos Barbelo].)

alquimia, tratava-se de manifestações naturais – e, por isso, muitas vezes primitivas – do inconsciente, de imagens arquetípicas, que revelam os conteúdos do dogma – testemunhos da mais elevada cultura espiritual –, como que num espelho escuro. Além disso, por serem criações de uma camada mais primitiva da psique, as visões alquímicas continham inúmeros conteúdos arquetípicos e numinosos que faltam ao dogma.

A relação compensadora entre as ideias e imagens alquimistas e as do consciente cristão proporcionou a Jung o "fio de Ariadne", que o ajudou a achar o seu caminho através do labirinto da literatura hermética e, desse modo, também através do mundo das imagens arquetípicas do fundo psíquico. Em vários artigos, ele demonstrou o parentesco e o antagonismo entre as figuras e os processos da alquimia e as da religião e do dogma cristãos. Mostrou especialmente a estranha analogia que se espelha entre os ditos sobre o *lapis* da alquimia e os ditos a respeito de Cristo. O *lapis* passa também como *redentor* ou *salvador do macrocosmo*; a sua luz vence cada luz; ele é espírito e corpo; foi rejeitado e passou a ser pedra angular, mas é um deus *terrenus* que gera tanto a luz quanto a escuridão. O capítulo que trata do paralelo entre o *lapis* e Cristo, no livro *Psicologia e Alquimia*, contém a chave para a compreensão da religiosidade alquímica e a sua relação com o cristianismo. Jung confrontou o processo da transformação na missa com o processo análogo da transformação resultante das imagens arcaicas e parcialmente primitivas das visões de Zosimos von Panapolis, alquimista do século III[29] e, por fim, comparou as ideias cristãs da redenção com as dos alquimistas.[30] O cristianismo considera que o homem tem necessidade de redenção. No "opus" alquímico, quem tem essa necessidade é a matéria ou o espírito aprisionado nela e nas obscuridades na natureza e do mundo. Era o iniciado que aceitava o papel de redentor da caótica *prima materia* e do divino mistério nela oculto e que realizava, de degrau em degrau, essa redenção como "opus" individual.[31] Do ponto de vista psicológico, trata-se, nessa obra, da projeção do processo da individuação para a transformação da matéria. O processo da individuação representa também, como o "opus" alquímico, um procedimento demorado, dividido em etapas, no qual o próprio homem, em virtude do seu consciente, realiza a obra *redentora* e integradora. Nesse aspecto, trata-se também da libertação e da produção de uma preciosidade, a saber, da personalidade humana como totalidade. Noutros termos, trata-se

---

[29] C. G. Jung. "Das Wandlungssymbol in der Messe" [O símbolo da transformação na missa], em: *Von den Wurzeln des Bewusstseins*, p. 217ss., especialmente o capítulo "Die Paralelen zum Wandlungsmysterium" [Paralelos existentes no mistério da transformação], p. 245ss. Ver *Obras Completas*, vol. XI, p. 219ss.

[30] Ver C. G. Jung. *Psychologie und Alchemie*. Cap. I, especialmente o capítulo "Die Erlösungsvorstellungen in der Alchemie" [Conceitos sobre a salvação da Alquimia], p. 311ss.

[31] *Ibidem*. Capítulo "Das Erlösungswerk" [A obra da salvação], p. 418ss.

de libertar o *si-mesmo* das obscuridades e do caos primordial do inconsciente, tornando-o consciente.

Transcorreram séculos até que o consciente estivesse suficientemente diferenciado para dissolver a projeção alquímica na matéria e reconhecer que eram conteúdos psíquicos aquilo que, desde o início, era de natureza psíquica. Do ponto de vista do conhecimento teórico, era uma necessidade absoluta para Jung distinguir, em princípio, entre projeção e objeto ou entre imagem e objeto, e ele exigia que todas as ciências atendessem a isso. Por outro lado, foi o mundo das imagens fantásticas das projeções alquímicas na matéria que lhe deu a possibilidade de empreender, de maneira totalmente nova, a pesquisa dos conteúdos arquetípicos do inconsciente coletivo. Os resultados da sua pesquisa não só levaram a uma diferenciação das associações teóricas dentro da psicologia, mas serviram também ao aprofundamento de problemas de grande importância na prática clínica. Isso diz respeito, antes de tudo, à inter-relação humana, a que Freud deu o nome de "transmissão" e cuja importância na psicoterapia foi ressaltada não apenas por Freud como também por Jung.

Jung escolheu, como base da sua monografia *Die Psychologie de Übertragung*, 1947,[32] a série de imagens alquímicas da obra *Rosarium Philosophorum*, de 1550. É verdade que as exposições do "Rosarium" não encerram, de forma consciente, as condições da transmissão, mas as contêm como pressuposto inconsciente

---

[32] *Obras Completas*. Vol. XVI, p. 173ss.

das ligações eróticas. Jung comparou os múltiplos aspectos dos *níveis da conjunção* manifestos nas imagens singulares e frequentemente loucas e também dos textos curtos que as acompanham aos níveis e metamorfoses do fenômeno da transmissão, que podem, por seu turno, ser entendidos como níveis e metamorfoses da individuação.

O trabalho de Jung sobre a psicologia da transmissão é, como nenhuma das suas outras obras, capaz de demonstrar a insuficiência da interpretação exclusivamente pessoal ou sexual das relações humanas. Por trás da ligação dos sexos surge o si-mesmo, aquele fator arquetípico da totalidade, que contém os antagonismos da natureza humana e, ao mesmo tempo, os une. Na linguagem figurada dos alquimistas, exprime-se essa dualidade e unidade por meio de pares como *Rex e Regina, Adão e Eva, Sol e Lua, pássaro e serpente* ou da ideia mais generalizada e abstrata de *coincidentia oppositorum*.

A grandeza polar do si-mesmo, a *coniunctio solis et lunae* alquímica, é um fator dinâmico do fundo psíquico. Penetra no mundo consciente, onde se torna vivenciável nas mais variadas formas. Uma das suas formas de manifestação é a relação humana, a "composição de Eu e Tu". Quando o Tu é projetado, isto é, "transmitido" a outro ser humano – ao médico, no tratamento psicoterapêutico –, disso resulta uma possibilidade de vivenciar a totalidade, pelo menos intuitivamente, e, dentro do quadro da relação, fazê-la consciente mediante a anulação da projeção. Desse modo, a transmissão e os seus níveis passam a ser o caminho do desenvolvimento psíquico, da totalidade e da cura: em síntese, o homem verdadeiro "nasce da relação psíquica". [33] A conscientização progressiva do si-mesmo e o atendimento dos aspectos da totalidade que penetram, mediante imagens e fantasias, e também pelas facetas da transmissão, no consciente, tiram a relação inter-humana do campo visual das complicações e a colocam na relação mais ampla do evento psíquico transpessoal. Entre os alquimistas, havia também alguns que não trabalhavam sozinhos, mas que, junto com uma companheira, a *soror mystica*, procuravam produzir o ouro ou a pedra filosofal. No entanto, o ouro e a pedra não significavam outra coisa senão a totalidade.

Variações do tema da transmissão são os símbolos do *casamento químico* e da *unio mystica* encontrados também no campo quase sem limites do simbolismo tradicional do *Hierosgamos*. Esse vai desde o antigo Egito até o evento dramático do episódio de Helena, no *Fausto II*, e vive ainda hoje, não apenas no inconsciente do homem moderno, de que são testemunhos os sonhos, as visões e as poesias, mas, surpreendentemente, também na simbólica do dogma cristão. O texto do dogma da *Assumptio Mariae*, proclamado em 1950 pelo Papa Pio XII, contém alusões à imagem do *casamento celeste*, [34] o que, a partir daí, lança também

---

[33] C. G. Jung. *Die Psychologie der Übertragung*. Zurique, 1956, p. 93. *Obras Completas*. Vol. XVI, p. 232.

[34] *Constitutio apostolica "Munificentissimus Deus"*, do papa Pio XII, 1950 § 29, *"Ita pariter surrexit et Arca sanctificationis suae, cum in hac die Virgo Mater ad*

uma luz sobre o mundo das imagens do inconsciente sobre o simbolismo natural do *Hierosgamos* e seu significado atemporal como analogia obscura do mundo espiritual do cristianismo. Tanto lá como aqui trata-se do *mysterium coniunctionis*.

Deve-se considerar como figura central dos paradoxos da alquimia o já citado *Mercurius*, a cuja múltipla manifestação fora do comum Jung dedicou a pesquisa "Der Geist Mercurius".[35] Como *Mercurius duplex* e *utriusque capax*, ele próprio é a fonte de qualquer antagonismo na alma, razão pela qual os alquimistas o descreveram com uma desconcertante abundância de nomes e paradoxos. "Ele é deus, demônio, pessoa, coisa e o mais recôndito do homem."[36] A polaridade que caracteriza sua figura não é apenas a do masculino/feminino, bom/mau ou consciente/inconsciente, mas sua natureza é mais profunda e incompreensível: ele deve ser entendido como símbolo do próprio inconsciente, cujos antagonismos imanentes contém. Segundo a tradição alquimista, ele é *tanto material quanto espiritual*. Era mercúrio e, ao mesmo tempo, um espírito evasivo de grande potência.

Para Jung, assim era abordada uma das questões mais importantes e difíceis da psicologia do inconsciente. Ele apresentara

---

aethereum thalamum est assumpta." (... assim elevara-se simultaneamente a arca que ele santificara, naquele dia em que a Virgem Maria foi recebida em sua câmara nupcial celeste). Consulte também C. G. Jung. *Antwort auf Hiob*, Zurique, 1952, p. 152, nota 36, e *Obras Completas*. Vol. XI, p. 492, nota 4.

[35] Em *Symbolik des Geistes*. Cap. I, p. 71ss.

[36] C. G. Jung. "Der Phylosophische Baum" [A árvore filosófica], em *Von den Wurzeln des Bewusstseins*. Cap. I, p. 495.

uma antinomia relativa à natureza ou, falando de modo mais específico, em relação à natureza do *arquétipo* em si, não mais experimentável (por ser inconsciente).[37] O arquétipo em si, o elemento estrutural no inconsciente, é de *natureza psicoide*; isso significa que não é só psíquico, mas, em certo sentido, também corporal, físico. Poder-se-ia dizer que é também *utriusque capax*. A hipótese do arquétipo psicoide e do inconsciente igualmente psicoide foi firmada e ampliada pelos resultados paralelos das pesquisas da microfísica, que, por sua vez, chegara ao limite do experimentável: tal como a psicologia do inconsciente penetrara às apalpadelas no "desconhecido da psique", assim também a física nuclear penetrou no "desconhecido da matéria"[38] e se viu diante da necessidade de estabelecer essa incógnita como *unidade psicofísica*. W. Pauli levantara o postulado da "ordem transcendental e objetiva do cosmo", a que estão sujeitos a alma do que conhece e o que é conhecido pela percepção.[39] As realidades interior e exterior, psíquica e física são manifestações de uma mesma

---

[37] Ver C. G. Jung. "Theoretische Überlegungen zum Wesen des Psychischen" [Reflexões teóricas sobre a natureza do psíquico] em *Von den Wurzelm Bewusstseins*. Cap. I, p. 497ss. *Obras Completas*. Vol. VIII, p. 185ss.

[38] C. G. Jung. *Mysterium Coniunctionis*. Vol. II. Cap. 1, p. 317.

[39] Ver W. Pauli. "Der Einfluss archetypischer Vorstellungen auf die Bildung naturwissenschaftlicher Theorien bei Kepler" [A influência dos conceitos arquetípicos na formação das teorias científicas de Kepler], em Jung-Pauli. *Naturerklärung und Psyche*, estudos realizados no Instituto C. G. Jung. Zurique, 1952. Vol. IV, p. IIIs.

ordem estrutural. C. F. von Weizsäcker vê, na matéria, a manifestação objetivável do espírito; literalmente, a matéria é, "na realidade, apenas uma manifestação objetivável de outra coisa para a qual o melhor nome é ainda o que foi escolhido pela tradição clássica da nossa filosofia – o de *espírito*".[40] Jung, por seu turno, chegou à suposição de que a "incógnita da psique" e a "incógnita da matéria" representam um mesmo fundo universal; quer dizer, então, que a totalidade da vida, a variedade do nosso mundo interior e exterior baseiam-se no fundo de uma *unidade antinômica*, tanto psíquica como física. Todavia, em essência, não é nenhuma das duas, "mas antes uma terceira, uma natureza neutra que, na melhor das hipóteses, se deixa entender vagamente por ser essencialmente transcendental".[41] Usando termos mais simples, a vida se baseia "em algo até agora não conhecido... que possui características simultaneamente materiais e psíquicas".[42] Quanto às ideias sobre a realidade da unidade transcendental, Jung confessou ter chegado ao limite do que lhe era cientificamente compreensível[43] e, por isso, denominou "última" a sua obra em dois volumes, *Mysterium Coniunctionis*, na qual essas ideias são tratadas de modo pormenorizado.

---

[40] C. F. von *Weizsäcker. Gedanken zur Zukunft der Technischen Welt*. Neue Zürcher Zeitung, em 10 de outubro de 1967, números 4.245 e 4.249.

[41] C. G. Jung. *Mysterium Coniunctionis*. Vol. II, cap. I, p. 318.

[42] C. G. Jung. *Ein moderner Mythus: Von Dingen, die an Himmel gesehen werden.* Zurique, 1958, p. 104.

[43] *Erinnerungen*, p. 225.

Os textos alquímicos que mais correspondiam a essas ideias extremas eram a *Physica Trismegisti* e a *Philosophia Meditativa*, de Gerardus Dorneus.[44] Dorneus usava a expressão *unus mundus* para exprimir o "terceiro", o fundo neutro da realidade, em que a "incógnita da matéria" e a "incógnita da psique" coincidem. Para ele, o *unus mundus* era o incognoscível e paradoxal mundo unitário situado além do macro e do microcosmo. Se o iniciado conseguisse relacionar-se com esse mundo, isto é, tornar-se consciente dele, então a "realização do *Mysterium Coniunctionis* estaria alcançada.[45] A imagem mítica e personificada do "terceiro", com a sua natureza "neutra", era *Mercurius*, a figura arquetípica misteriosamente divino-psíquica, cuja entidade inescrutável, pensava-se, era simultaneamente matéria e espírito.

Em suas pesquisas sobre a *sincronicidade*, Jung já havia estabelecido, em 1952, a hipótese da existência de um fundo inconsciente comum da psique e do físico.[46] Por "fenômenos sincronísticos" ele entendia a inesperada associação de um acontecimento psíquico com um físico, não relacionados causalmente entre si; por exemplo, um sonho profético ou uma premonição (que são psíquicos) e o acontecimento (físico) futuro ou distante

---

[44] Em *Theatrum Chemicum*. Ursel, 1602, vol. I.

[45] C. G. Jung. *Mysterium Coniunctionis*. Vol. II, cap. I, p. 317.

[46] C. G. Jung. "Synchronizität als ein Prinzip akausaler Zusammenhänge" [Sincronicidade como princípio de relações acausais], em Jung-Pauli. *Naturerklärung und Psyche*. Cap. I, p. 1s. e *Obras completes*. Vol. VIII, p. 475ss. – Ver também C. G. Jung. *Mysterium Coniunctionis*. Vol. II, cap. I, p. 232.

no espaço antecipado por aqueles. O que liga tais acontecimentos interiores e exteriores é a identidade de conteúdo, com base na qual a sua correspondência é reconhecida pelo homem e vivida significativamente. A conformidade do conteúdo de acontecimentos qualitativamente tão desiguais e separados no tempo e no espaço, mas relacionados acausalmente, deve ser atribuída ao fato de eles terem no fundo do inconsciente um mesmo arquétipo ou serem por este "coordenados". É a sua natureza *psicoide* e incognoscível (por ser inconsciente) que se apresenta à percepção do mundo consciente, aqui como evento físico e lá como evento psíquico. O arquétipo como tal pertence à esfera do inconsciente coletivo, àquele fundo universal antinômico que "é tanto físico quanto psíquico e, por isso, não é nenhum dos dois, mas um terceiro, uma natureza neutra...". Segundo a concepção de Jung, os fenômenos sincronísticos, isto é, as correspondências acausais de processos físicos e psíquicos independentes dos primeiros, sugerem a construção de um novo modelo unitário do universo, porque eles demonstraram que o ser se baseia numa essência até agora desconhecida, que é tanto material quanto psíquica. O mundo interior e o exterior, o espiritual e o físico, já não constituem mais antagonismos irreconciliáveis, mas demonstram ser aspectos do fundo psicoide da realidade em que ambos se baseiam. Na concepção desse modelo do universo, retorna a antiga visão intuitiva do mundo da alquimia: ela se aproxima, como ressaltou Jung, "da ideia do *unus mundus*".[47]

---

[47] C. G. Jung. *Ein Moderner Mythus*. Cap. I, p. 104.

Ao lado das ideias alquimistas já mencionadas, que apontam para a unidade psicofísica – como a substância arcana, *unus mundus, Mercurius, lapis* etc. –, um dos conceitos mais importantes para a atividade do iniciado era a *imaginatio*, a atividade da fantasia em relação ao "opus". Espantosamente, as *imaginationes* foram pensadas como algo quase corporal, como um *corpus* sutil de natureza espiritual. Formaram um reino intermediário que tanto faz parte da matéria quanto do espírito. Devido à sua vasta importância e, em especial, devido à sua natureza idealizada como meio material e meio espiritual, Jung, já em sua obra *Psicologia e Alquimia*, apontou a *imaginatio* como "uma das chaves mais importantes para a compreensão do *opus*".[48]

A imagem do corpus *subtile* ou *corpo espiritual*, às vezes também chamado *corpo de sopro*, corresponde a uma ideação arquetípica, que se pode seguir até os tempos remotos. Ela pode ser encontrada em Poseidônio e Plotino, Proclus e Synesius e, mais tarde, em Paracelso.[49] Para os alquimistas, a imagem de tal *corpo de sopro* resultou de seus esforços para reconhecer e transformar a matéria desconhecida por meio da imaginação. Em suas projeções, o psíquico e o físico se mesclavam numa única experiência. Desse modo, não é de admirar que o "reino intermediário dos corpos sutis" submergisse novamente assim que o homem

---

[48] Cap. I, p. 383.

[49] Ver C. A. Meier. "Psychosomatic Medicine from Jungian Point of View" [Medicina psicossomática do ponto de vista junguiano], em *Journal of Analytical Psychology*. Vol. 8, nº 2. Londres, 1962.

libertasse a matéria da projeção psíquica e a examinasse como tal e quando da alquimia nascessem a química e a física. Do mesmo modo, a imagem do *corpus subtile*, do sutil corpo psíquico, teria de perder a sua importância depois que se achou que já se compreendia e sabia tudo sobre a alma.

No entanto, uma concepção científica tão inequívoca e, por isso mesmo, limitada, não podia se manter por muito tempo, apesar de passar ainda hoje por moderna. Jung previu o seu fim. "Virá o momento", assim escreveu ele em *Psicologia e Alquimia*,[50] "em que a física chegará ao 'não trilhado não trilhável' e em que também a psicologia terá de admitir que existem ainda outras formas de existência psíquica além das aquisições do consciente pessoal, isto é, que ela também tocará numa escuridão impenetrável; então aquele reino intermediário será novamente verificado e o físico e o psíquico serão de novo mesclados numa unidade inseparável. Hoje já chegamos muito perto dessa mutação".

No entanto, esse momento já chegou, tanto na física quanto na psicologia, como já foi dito anteriormente. Em psicologia, o inconsciente coletivo, assim como o "arquétipo em si", representam, de início, uma escuridão impenetrável. Jung levou esse fato em conta ao estabelecer a hipótese da natureza *psicoide* do arquétipo e também do fundo *neutro* do universo. Em ambos os conceitos, o psíquico e o físico estão de novo "mesclados numa unidade inseparável".

---

[50] Cap. I, p. 382.

C. A. Meier aproveitou a ideia do "corpo espiritual" ou *corpus subtile* para esclarecer "obscuridades" da medicina: as relações psicossomáticas não podem ainda ser explicadas até hoje de maneira satisfatória. A influência da alma sobre o corpo, tanto é improvável quanto provável, podendo dizer-se o mesmo do efeito do corpo sobre a alma. Visto que, nessa matéria, uma explicação causal não leva a nada, Meier apresentou a fecunda sugestão de que se observassem as relações psicossomáticas como fenômenos sincronísticos.[51] O arquétipo ordenador seria algo "integral" ou uma inteireza quanto física como psíquica; enfim, um *corpus subtile*.

Meier indicou mais outra relação até agora ainda inexplicável e para a qual a existência de um "corpo de sopro" oferece uma explicação: com o auxílio do pletismógrafo, o fisiologista tcheco S. Figar determinou o volume do antebraço de dois pacientes-cobaias, que não se conheciam, em salas separadas. Só um deles foi submetido a determinados estímulos psíquicos, que produziram oscilações características de volume, conhecidas cientificamente. Estranho foi que, no segundo paciente-cobaia, que ignorava a existência do primeiro, o pletismógrafo registrou oscilações de volume significativamente congruentes. Em seu ensaio "The Application of Plethysmography to the Objective Study of so-called Extrasensory-Perception",[52] Figar faz um relato disso.

---

[51] C. A. Meier. "Psychosomatic Medicine from the Jungian Point of View" e *Zeitgemässe Probleme der Traumforschung*. Zurique, 1950.

[52] *Journal of the Society for Psychical Research*. Vol. 40, p. 702ss.

As suas experiências foram repetidas nos Estados Unidos, em condições melhores em muitas pessoas com resultados inteiramente confirmados.

Chegar-se-ia, no quadro das reflexões causais, à suposição de que as ideias e imaginações geradas pelos estímulos psíquicos tenham formado um "corpo de sopro" ou *corpus subtile*, que causou, no segundo paciente-cobaia, uma alteração fisiológica mensurável. Com base no princípio da sincronicidade, dever-se-ia supor que um arquétipo – fator psicoide que representa, por sua vez, um *corpus subtile* – tenha se coordenado a si mesmo dentro do paralelismo dos acontecimentos.

Ao fenômeno em si corresponde a ideia da alquimia quanto ao fato de as imaginações serem elementos de caráter meio físico e meio espiritual, ideia segundo a qual – do ponto de vista de um anônimo do século XVII – a alma seria capaz de realizar ações significativas também fora do corpo.[53] No *Musaeum Hermeticum* está escrito: *Anima autem, qua homo a caeteris animalibus differt, illa operatur in corpore, sed majorem operationem habet extra corpus; quoniam absolute extra corpus dominatur.* [A alma, que distingue o homem dos animais, atua, no entanto, dentro do corpo, embora tenha maior força efetiva fora do corpo, porque fora ela domina com poder absoluto.]

As especulações dos alquimistas conduziram às profundezas de compreensão do universo que só agora as ciências aos poucos

---

[53] C. G. Jung. *Psychologie und Alchemie*. Cap. I, p. 380ss.

estão focalizando. É notável que tais especulações, sem contar com as condições científicas modernas, antecipavam e enquadravam em sua filosofia correlações cuja autenticação só viria a ocorrer séculos mais tarde. Tamanho tesouro de conhecimento não cai do céu de graça, nem mesmo estando no fundo da psique. Por isso, a interpretação de Jung e a compreensão que tinha da alquimia lançam uma luz também sobre o caráter e humanidade dos velhos mestres: os resultados do seu labor e imaginação transmitem o sentimento de seriedade, devoção e paciência com que se dedicavam ao "opus".

Não houvesse uma genuína afinidade entre Jung e os iniciados da velha arte hermética, a alquimia jamais teria constituído uma base tão ampla para as pesquisas de Jung sobre o inconsciente e suas configurações, nem poderia ser tão decisivo o papel que ela desempenhou como a pedra de toque histórica para os seus conhecimentos. "As experiências dos alquimistas eram as minhas e o mundo deles era, num certo sentido, o meu", confessava ele.[54] As suas experiências com o inconsciente, no decorrer dos anos decisivos 1912-1919, de que se falou no início, representavam uma autêntica *imaginatio* alquimista. "O processo por que passei, daquela vez, correspondia ao processo alquímico da metamorfose."[55] A abundância de análises e interpretações que fez de textos alquímicos e o estudo de um material de amplitude

---

[54] *Erinnerungen*, p. 209.

[55] *Ibidem*, p. 213.

cósmica culminavam na grandiosa síntese da contemplação unitária e totalitária. Desse modo, cumpriu-se fielmente a velha instrução alquímica da obra: *solve et coagula* (dissolva e una).

Ainda na infância, Jung teve experiências significativas e carregadas de intuição, com a sua "pedra", na qual podia permanecer sentado horas a fio, fascinado pelo insolúvel enigma: se ele – o garoto – ou a pedra seria "eu". Durante anos, foi para ele um "singular descanso da alma" sentar-se na pedra, que é eterna e vive durante os milênios, enquanto percebia a si mesmo como um fenômeno transitório.[56]

Uma pedra cúbica, com inscrições feitas por ele próprio, é o símbolo da "Torre", em Bollingen, região superior do lago de Zurique, e a última, grande e consoladora imagem de sonho antes da sua morte; era o *lapis:* sobre um elevado pedestal, viu uma grande pedra redonda com a inscrição: "Símbolo da tua inteireza e unidade".[57]

Diferentemente dos alquimistas, para Jung o fascínio não residia na matéria, mas na alma. Como cientista, ela era para ele objeto de rigorosa pesquisa empírica; como médico, dispensou-lhe, com profunda compreensão, toda a sua ajuda, e, como homem, era mestre e servidor das suas metamorfoses.

---

[56] *Ibidem,* p. 48.

[57] Miguel de Serrano. *Meine Begegnungen mit C. G. Jung und Hermann Hesse in visionärer Schau.* Zurique, 1968.

A REALIDADE UNITÁRIA E A CRIATIVIDADE

(Erich Neumann e C. G. Jung)

Todo ato de conhecimento se baseia no processo da distinção: o mal é diferente do bem, a matéria é diferente do espírito, o alto, do baixo e sempre, a cada vez, alguma coisa se distingue de outra e, desse modo, a sua característica se torna compreensível. O conhecimento das diferenças é uma função criadora do consciente.

Mas o que se expõe ao consciente conhecedor? O que havia anteriormente à distinção? É a pergunta que Neumann e Jung fizeram a si mesmos. No fundo, trata-se de uma antiquíssima indagação da humanidade, que brota do desejo de transcender os limites do consciente e do mundo que lhe é acessível.

Neumann chamou de "realidade unitária" o ainda-não separado, o pré-consciente, e declarou: "O consciente de realidade unitária opõe-se à conhecida realidade que se polariza na nossa consciência do Eu, que se movimenta sempre na tensão entre sujeito e objeto, homem e natureza ou homem e mundo".[1] A realidade polarizada é agregada à consciência do Eu. Como, no entanto, "o Eu é apenas uma instância parcial dentro das instâncias psíquicas, o mundo polarizado da nossa consciência é também apenas um excerto do mundo".[2] O abrangente é a realidade unitária. Porém, é extremamente difícil declarar algo sobre essa grandeza maior com essa consciência, que, pela sua natureza, pensa e reconhece por meio de contrastes. A realidade unitária, "a verdade, não pertence à esfera a que está condicionado o nosso conhecimento consciente".[3] Parece, contudo, que dessa transcendência emana uma grande fascinação, porque os homens sempre procuraram construir para si imagens e conceitos sobre ela, quer em mitos, religiões, especulações, quer em modelos de pensamento.

Em *História da Origem da Consciência* (1949), Neumann não fala ainda da "realidade unitária", mas usa a imagem mítica do *Uroboros*, a serpente que morde a própria cauda, para ilustrar "o conteúdo dos opostos". Neumann deu também ao *Uroboros* a denominação de "grande círculo", o qual corresponde ao antiquíssimo signo da

---

[1] E. Neumann. "Die Erfahrung der Einheitswirklichkeit und die Sympathie der Dinge" [A experiência da realidade unitária e a simpatia das coisas]. *Eranos-Jahrbuch XXIV*. Editora Rhein. Zurique, 1955, p. 12.

[2] *Ibidem.*

[3] *Ibidem.*

mandala, cujo símbolo abrange os antagonismos da esfera psíquica e física. Na alquimia, encontra-se a imagem do *Uroboros* como uma das inúmeras descrições do *Mercurius*, de quem se diz que une os opostos e é interpretado por Jung como símbolo do inconsciente coletivo.[4]

Erich Neumann vê, no mito popular do primeiro par de pais, outra imagem do ser, anterior a todo começo consciente. Os primeiros pais, diz ele, estão ligados numa "unidade *urobórica*" e são inseparáveis um do outro. "A sua unidade é a divina existência do além e independente de antagonismos; é o *Ain Soph* sem forma, significando a infinita plenitude e o nada".[5]

Mas esse não é apenas o "estado indiferenciado, o que está além dos opostos"; há também, nessa união, como possibilidade, a criatividade de um começo: do seu estado sem forma brota o cosmo ordenado, tal como, visto psicologicamente, o consciente se desdobra a partir do inconsciente ilimitado, o Eu do incognoscível *self*.

Para Jung, o fundo transcendental do mundo empírico estava um tanto quanto comprovado: "É tão certo que o mundo, assim como a nossa própria existência, se baseia, interna e

---

[4] C. G. Jung. "Der Geist Mercurius" [O espírito Mercúrio], em *Obras Completas*, XIII. Editora Walter. Olten, pp. 241 e 254.

[5] E. Neumann. *Ursprungsgeschichte des Bewusstseins*. Ed. Rascher. Zurique, 1949, p. 32. *Ain Soph:* Na cabala de Isaak Suria (séc. XVI), *Ain Soph* é a denominação do "incognoscível", do nada místico, o qual em sua plenitude está hierarquicamente acima de tudo o que existe.

externamente, num fundo transcendental".[6] Afinal de contas, esse fundo universal corresponde ao inconsciente coletivo descoberto por ele e cuja natureza deve ser ideada como *psicoide*, isto é, não só psíquica, mas também material. Como os antagonismos se inserem um no outro, essa camada profunda do inconsciente permanece incógnita. A caracterização do *psicoide* é também um paradoxo inimaginável.

Nos dois volumes da obra que escreveu na velhice, *Mysterium Coniunctionis*, Jung interpretou as imagens e afirmações alquimistas – que delimitam simbolicamente o processo de criação do consciente –, como a polarização e o desdobramento, na multiplicidade do mundo consciente, do inconsciente que é, em si, unificado. Além disso, encontra-se, nos velhos tratados, o postulado da unificação da multiplicidade, já consciente, com a sua origem, o não dividido, a fim de que, desse modo, a buscada preciosidade do *Uno* passe a ser cognoscível. Em termos psicológicos, isso significa que da dupla tendência da movimentação – do inconsciente para o consciente e desse para o inconsciente – forma-se a imagem de unidade e perfeição do homem como objetivo da individuação.

No capítulo final de *Mysterium Coniunctionis*, Jung ultrapassou a interpretação dos antagonismos psíquicos e apresentou uma visão da consequência final da unificação dos opostos, hipótese ousada na unidade de alma e matéria: "Não sabemos igualmente

---

[6] C. G. Jung. *Mysterium Coniunctionis. Obras Completas*, XIV/2, p. 332.

se o que entendemos empiricamente como físico não será idêntico, no desconhecido, no que está além da nossa experiência, ao que, no aquém, distinguimos do físico como psíquico".[7] De modo racionalmente ininteligível, o físico e o psíquico, o exterior e o interior, o universo e o homem, parecem ser uma única realidade. O alquimista Gerardus Dorneus (século XVII) havia incorporado a probabilidade dessa existência abrangente dos antagonismos interiores e exteriores à sua grandiosa visão universal, descrevendo-a pela expressão *unus mundus*. Jung adotou as intuições desse notável alquimista como ponto de referência para as suas ideias sobre a unidade da psique e da matéria.

A "realidade unitária" de Neumann é sinônimo do *unus mundus*. Ambas as formulações acentuam o aspecto do inconsciente coletivo como uma esfera em que os antagonismos se inserem um no outro e, por isso, não são — ou ainda não são — cognoscíveis; além disso, apontam para o fato de que os mundos interior e exterior — ou a realidade psíquica e a realidade cósmica concreta — ou o mundo das imagens arquetípicas e o mundo das coisas constituem uma unidade bipolar e, em última análise, representam uma mesma realidade.

Os fenômenos que Jung chama de "sincronísticos" transmitem a ideia dessa "realidade unitária", da integralidade e unicidade, plena de sentido, do fundo arquetípico, por um lado, com o mundo do consciente e das coisas, por outro. Sobre isso, Erich

---

[7] *Ibidem*, p. 316.

Neumann diz: "Num certo sentido, dentro de todos nós vive a ideia de que os arquétipos e o inconsciente coletivo formariam uma camada com a qual nos deparamos na introversão, quando estamos 'dentro de nós', tal como, ao nos extrovertermos para o mundo, 'ficamos fora de nós' (...). Para nós, a natureza interna do arquétipo era tão lógica, que só em seus últimos trabalhos Jung chegou a falar da possibilidade, para os casos excepcionais dos fenômenos sincronísticos, de uma natureza transgressora do arquétipo, em que o fenômeno interior do arquétipo se manifesta também exteriormente, com efeitos sobre o mundo exterior".[8]

Os eventos sincronísticos, em especial os fenômenos precognitivos – como, aliás, também inúmeros fenômenos do mundo instintivo animal e do humano –, levam à hipótese do conhecimento apriorístico ou absoluto existente no inconsciente coletivo, isto é, um conhecimento não transmitido pelos órgãos dos sentidos. Neumann considerou tal "conhecimento (ele próprio falava de 'extraconhecimento') de extrema importância para a vida do homem, provavelmente até mais importante do que o da consciência do Eu, condicionado principalmente no sentido da adaptação ao mundo exterior".[9]

Conforme decorre dos escritos de Jung e Neumann, há uma ampla concordância dos conceitos quanto ao princípio do fundo

---

[8] E. Neumann. "Die Psyche und die Wandlung der Wirklichkeitsebenen" [A psique e a transformação dos campos da realidade]. Eranos-Jahrbuch, XXI, 1952, p. 184.

[9] *Ibidem,* p. 180.

universal unificador dos antagonismos ou fundo universal sem antagonismos além de espaço e tempo, assim como sobre a hipótese de uma só realidade que abrange o interior e o exterior. Mas o pensamento de Neumann segue depois outros rumos: o de saber se e como pode o homem imaginar ou vivenciar a realidade unitária.

Para Jung, o *unus mundus* está situado além da experiência humana. É uma grandeza que transmite a consciência e, como tal, permanece incógnita; não pode ser entendida nem imaginada.[10] A sua realidade só se deixa apreender como hipótese pelos seus efeitos sobre o consciente: "Há pouca ou nenhuma esperança de que alguma vez o ser unitário possa ser representado, porque as ideias e a linguagem, nesse caso, só permitem a probabilidade de frases antinômicas".[11]

Neumann frisa também que "o mundo da realidade unitária é, por princípio, superior a toda experiência e experimentabilidade".[12] Até na vivência do místico perdura algo como um "ilimitado excesso, algo em que a pessoa que experimenta (...) emerge ou se dissolve, porque a natureza do recipiente da sua capacidade de percepção é imensamente ultrapassada".[13] Mesmo

---

[10] Ver Também *Mysterium Coniunctionis. Obras Completas,* XIV/2, p. 312ss.

[11] *Ibidem,* p. 317.

[12] E. Neumann. "Die Erfahrung der Einheitswirklichkeit und die Sympathie der Dinge". Cap. I, p. 34.

[13] *Ibidem.*

assim, há a possibilidade de experimentar a realidade unitária, com efeito não de modo direto, mas indiretamente como símbolo, e o interesse de Neumann era demonstrar essas possibilidades ou símbolos. "A realidade unitária simbólica não é nada de místico e de inexperienciável", diz ele; "ela é o mundo que sempre se vivencia, quando ainda não existe a (...) polarização universal do interior e exterior ou quando esta não existe mais. Ela é o próprio mundo inteiriço da metamorfose tal como o homem criativo a sente."[14]

Com esse conceito do homem criativo – ou da criatividade – tocamos num dos temas centrais dos escritos de Neumann. Dentre os inúmeros campos de atividades e vivências criativas, o interesse do homem se volta, de modo especial, para a arte: na obra de arte verdadeira, a "polarização universal" é anulada; ela expressa uma realidade transpessoal e atemporal que recebeu do artista a forma pessoal e temporal. "O eterno arquetípico funde-se com o individual único",[15] resultando num símbolo da realidade unitária.

As exposições de Neumann estão carregadas de uma comoção genuína, que brota da afinidade com a personalidade artística. Tal como o artista, ele também está interessado "em criar e plasmar, com a ajuda do consciente, o que vivenciou da realidade

---

[14] E. Neumann. "Der Schöpferische Mensch und die Wandlung" [O homem criativo e a transformação]. Eranos-Jahrbuch, XXIII, 1954, p. 32.

[15] *Ibidem,* p. 42.

unitária".[16] Do mesmo modo que acontece com o artista, nele também atua um fascínio "de que o eu fica prisioneiro e que transforma a personalidade humana num instrumento do transpessoal, que por meio dela se manifesta".[17]

No mesmo sentido, Jung ressalta a carência de liberdade do indivíduo criador – sobretudo o artista –, uma vez que "aquilo que no fundo dele quer (...) não é ele mesmo – o homem como pessoa –, mas a obra de arte".[18] É "um impulso obscuro" que, "em última análise, decide sobre a formação", "um a priori inconsciente" que o impele no sentido da realização.[19] Esse "a priori inconsciente" – noutro lugar Jung fala das "incompreensíveis profundezas do incriado"[20] – toma forma na obra de arte. No processo de gestação e criação artísticas, os opostos do inconsciente e do consciente se unem.

É deveras impressionante como, na análise neumanniana de uma obra de arte, surge a vivência ou o símbolo da realidade unitária: não só a partir da perspectiva do artista realizador, mas

---

[16] E. Neumann. "Die Erfahrung der Einheitswirklichkeit und die Sympathie der Dinge". Cap. I, p. 36.

[17] *Ibidem*, p. 37.

[18] C. G. Jung. "Psychologie und Dichtung" [Psicologia e poesia], em *Obras Completas*. Vol. XV, p. 116.

[19] C. G. Jung. "Theoretische Überlegungen zum Wesen des Psychischen" [Reflexões teóricas sobre a natureza do psíquico], em *Obras Completas*. Vol. VIII, p. 234.

[20] C. G. Jung. "Psychologie und Dichtung" [Psicologia e poesia]. Cap. 1, p. 104.

igualmente da perspectiva do homem que se abre para a obra de arte. "Cada obra de arte (...) diz, de certo modo, algo definitivo e único sobre a existência do universo, justamente do universo inteiro, que abrange o universo exterior e interior, o mundo material e humano. A cisão de nossa realidade consciente é anulada na unicidade de cada grande obra de arte, e isso ocorre tanto durante o processo de criação como também no da sua recepção verdadeira."[21] Segundo Neumann, a superação dessa cisão é particularmente nítida nas obras da fase derradeira. Quando, na velhice, ocorre a "transferência do Eu para o si-mesmo" e o fundo arquetípico cresce de importância diante da realidade exterior, as obras contêm então as marcas dessa experiência da vida. Também estas, com toda a sua unicidade, tornam-se transparentes para a realidade atemporal do transpessoal ou do inconsciente coletivo e, assim, unificam os antagonismos universais do interior e do exterior, de que Neumann fala referindo-se a "mundos parciais".

No artigo "Die Erfahrung der Einheitswirklichkeit und die Sympathie aller Dinge",[22] Neumann nos oferece dois exemplos: o famoso quadro de Van Gogh, "A cadeira", que, apesar de todo o seu caráter concreto e objetivo, é, no entanto, iluminado por algo profundamente atemporal e, graças a essa unificação dos

---

[21] E. Neumann. "Die Erfahrung der Einheitswirklichkeit und die Sympathie der Dinge". Cap. I, p. 38.

[22] Eranos-Jahrbuch, XXIV, 1955, pp. 40 e 51.

antagonismos, torna-se um símbolo da realidade unitária, distinguindo-se assim como uma grande e genuína obra de arte.

O outro exemplo é uma poesia da última fase de Goethe:

Vagarosamente caía o CREPÚSCULO,
Mergulhando tudo no infinito.
Antes, porém, em sua luz suave,
Erguera-se a estrela da noite!
Tudo desaparece na incerteza,
Brumas se levantam para o ar;
Trevas de intenso negrume
Refletem-se no lago em repouso.

Agora, na região do leste,
Pressinto o brilho e a luz do luar,
Raízes tenras de delgados salgueiros
Brincam no balançar das ondas.
Por entre os jogos das sombras,
Tremula o mágico esplendor da Lua,
E no olhar tranquilo, insinua-se o frescor
Que vem suavizar o coração.

Com a sua esmerada interpretação, Neumann permite ver como a descrição do mundo noturno e a vivência da natureza se tornam a expressão de algo invisível, que ultrapassa o mundo, ou de um sentido arquetípico, que se pode pressentir nas entrelinhas e é revivido na atmosfera do poema. "Na mágica transformação da paisagem" revela-se simultaneamente o aquém e o além, o que é um signo do símbolo da unidade.[23]

No curso do secular desenvolvimento do consciente e da cultura, o homem abandonou a "situação *urobórica* inicial", que o envolvia na realidade unitária ainda inconsciente. Com o seu consciente centrado no ego, ele se encontra agora entre os grandes "mundos parciais" – o mundo exterior, por um lado, e o mundo psíquico interior, por outro –, e, na maioria dos casos, ainda diante do inconsciente coletivo, "como se fosse um sistema da psique separado dele".[24] Só a criança vive ainda na autenticidade interior e exterior, antes do desenvolvimento do seu Eu, fato de que Neumann trata pormenorizadamente em sua obra *Das King*, editada postumamente.

No mundo polarizado e até dissociado do homem ocidental, que enfatiza o consciente, a criatividade tem importante papel; poderia realizar uma função terapêutica, por ser capaz de superar os antagonismos do consciente por meio da inteireza consciente--inconsciente existente nos símbolos da realidade unitária. Nesse sentido, a criatividade de modo algum está atada a um campo determinado: pode desdobrar-se na arte plástica objetiva ou abstrata, na música, na ciência, na religião, nas relações humanas e,

---

[23] *Ibidem,* p. 54.

[24] E. Neumann, *Zur Psychologie desWeiblichen.* Editora Rascher. Zurique, 1953, p. 69.

finalmente, na individuação conscientemente vivida. Trata-se sempre de reconhecer o atemporal no temporal, o transpessoal no pessoal, contemplar ambos e vivenciá-los como unidade: "vivência do Eu e vivência da unidade, abertura para os mundos parciais e permeabilidade para a sua realidade unitária subjacente, sujeição receptiva e realização plasmadora, formam as tensões antagônicas em que o homem criativo vive e de cuja frutificação depende a sua vida e a sua obra".[25] Aquilo que Neumann chamava de a "grande experiência" era a "abertura, através do simplesmente pessoal e dos mundos parciais, para algo vivo, que constitui o fundo transpessoal da realidade".[26]

Na vida do indivíduo essa abertura comunica o sentimento da importância e o significado também dos acontecimentos aparentemente insignificantes, dos acasos, das dores e alegrias, e, finalmente, da transformação para a maturidade, velhice e morte. Pela contemplação do fundo transpessoal e atemporal, as experiências que compõem a vida adquirem um significado que transcende o momento. Logo, cada homem é criativo "por natureza", com a condição de que seja capaz de abrir-se ao impessoal e ao intemporal e, assim, superar, ou pelo menos suportar, a tensão dos antagonismos entre o interior e o exterior, entre a psique e o mundo.

---

[25] E. Neumann. "Der schöpferische Mensch und die 'Grosse Erfahrung'" [O homem criativo e a "Grande Experiência"]. Eranos-Jahrbuch, XXV, 1956, p. 34.

[26] *Ibidem*, p. 30.

Essa abertura pode ser vivida pelo homem chamado, na linguagem corrente, de criativo – como, por exemplo, o artista –, pela "inspiração". Esta também se baseia no estar aberto psiquicamente, na porosidade ao inconsciente coletivo, porque ela não pode ser produzida de modo arbitrário. *Je ne cherche pas, je trouve,* conforme Picasso.

Sobre a inspiração como ponto imprescindível de partida da criação consciente, diz uma carta de Dostoievski a seu irmão, citada por Neumann: "Somente os pontos da inspiração surgem repentinamente e de uma vez, mas todo o resto é trabalho penoso. Evidentemente, você confunde inspiração, isto é, o surgimento inicial momentâneo de uma imagem ou movimento da alma (o que ocorre com frequência), com trabalho. Assim, por exemplo, registro imediatamente a cena tal qual me vem da primeira vez à mente e me alegro com ela. Depois, trabalho nela meses e anos (...) e você pode crer que o resultado é bem melhor. Contanto que haja inspiração. Sem inspiração, naturalmente, não se pode começar nada".[27]

Para Jung, a criatividade fazia parte dos grandes mistérios da vida: "Tudo o que ocorre psiquicamente dentro do consciente talvez se explique de modo causal, mas a criatividade, cujas raízes estão no mundo imensurável do inconsciente, se fechará eternamente ao conhecimento humano".[28] Neumann também jamais

---

[27] *Ibidem,* p. 40.

[28] C. G. Jung. "Psychologie und Dichtung", cap. 1, p. 100.

explicou causalmente a criatividade e nunca a deduziu dos dados biográficos do indivíduo criador. A "psicologia transpessoal profunda" de Jung veio ao encontro da sua busca no sentido de que o conceito do inconsciente coletivo criara uma perspectiva de nova dimensão para a vida, a dimensão da atemporalidade que transcende o consciente e do grande domínio incógnito que abarca o homem e o universo e todos os antagonismos. É a realidade unitária, que forma o princípio inconsciente e a origem. Graças ao discernimento de sua consciência, o homem tem arrancado dela alguns dos mistérios e criado a imensa variedade de compreensão do universo. O fato de estar aberto psiquicamente concede ao homem a possibilidade de unir de novo o separado à sua origem, e de reconhecer a sua vida como unidade pessoal e transpessoal. Além disso, a sua abertura é a condição prévia das formulações simbólicas, na obra de criação, da realidade unitária.

Tanto Jung como Neumann demonstraram as manifestações e os símbolos da realidade unitária sempre a partir de novas perspectivas. A circunstância de que, mesmo assim, os deixaram no domínio do inexplicável, fala da sua grandeza humana.

II.

SOBRE A PESSOA DE C. G. JUNG

JUNG E OS CONGRESSOS DE ERANOS

A partir de 1933, data da fundação de Eranos, Jung pronunciou quatorze conferências. A primeira teve por título "Do empirismo do processo de individuação"; a última, realizada em 1951, foi "Da sincronicidade". Fora isso, durante todos esses anos ele participou de maneira ativa da realização dos programas. Não me deterei nos temas das suas conferências. Quero apenas contar algo sobre a sua atitude em relação a Eranos e sobre o que significavam para ele esses congressos.

A fidelidade de Jung a Eranos e o empenho que revelou para a sua realização durante um tempo tão longo não eram tão lógicos como se acredita. Ele vivia muito retirado e, posteriormente, não negou que os congressos, sobretudo a presença de muitas pessoas, o cansavam. Mesmo assim, só renunciou a viajar anualmente para

Ascona quando foi impedido pela doença. No entanto, mesmo quando não podia comparecer participava vivamente. Recebia relatos minuciosos dos seus discípulos ou hóspedes que tinham ido a Ascona, e há cartas em que manifesta à senhora Fröbe a sua alegria pelo sucesso do congresso do qual não pôde participar. A esposa de Jung, a senhora Emma, também ia regularmente a Ascona. Com a sua maneira silenciosa e introvertida, constituía sempre o polo repousante, mas digno de nota, no meio do grupo de conferencistas e ouvintes.

Nos primeiros anos, a família Jung residia na Casa Semíramis, no alto do monte Veritá, e quase sempre os seus integrantes faziam, de manhã cedo e a pé, o caminho para Moscia. Mais tarde, a senhora Fröbe pôs à disposição deles o apartamento do primeiro andar da Casa Eranos. Em 1952, Jung compareceu, pela última vez, ao Congresso de Eranos e participou apenas como ouvinte, não fazendo mais nenhuma conferência. Depois disso, o cansaço dos anos forçou-o a renunciar a Eranos, o que não lhe foi fácil.

Para Jung, Eranos representava o encontro bem-vindo com inúmeros pesquisadores notáveis e, assim, a oportunidade para aclarar ideias e aprofundar, nas conversas, o seu próprio conheci-mento. Ele apreciava muito esse fato, pois durante toda a vida foi um homem sedento de conhecimento, um instrutor e um aprendiz.

Numa carta escrita em agosto de 1951, por ocasião do 70º aniversário de Olga Fröbe, ele registra: "O que tornava Eranos tão precioso para mim era o fato de que a casa hospitaleira da senhora Fröbe sempre proporcionava a possibilidade de uma livre discussão em mesa-redonda. Lembro-me com prazer e gratidão de inúmeras noites excessivamente ricas em sugestões e informações e que transmitiam exatamente aquilo de que eu tanto necessitava – o contato pessoal com outros campos da ciência. Por esse motivo, sou profundamente grato à senhora Fröbe".

A conversa de Jung com os oradores do congresso ocorria em pequeno círculo, na agradável quietude da tarde e da noite, em torno da mesa, e, sempre que fosse possível, no jardim. Contaram-me que esse intercâmbio de ideias de Jung com os oradores muitas vezes ia até altas horas da noite.

Por ocasião de um dos primeiros congressos de Eranos – como conta a senhora Fröbe numa carta –, Jung teria aparecido, certa vez, para o jantar e, apontando para a mesa, teria dito. "Esse é o verdadeiro Eranos"; a propósito de uma fotografia da mesa-redonda, Henry Corbin escreveu: "Na fotografia, vê-se primeiro somente a nossa 'mesa-redonda'. Mas não há ninguém. As cadeiras em volta da mesa estão vazias. A luz do dia, filtrada pelos ramos do grande cedro, ilumina a solidão, tal como um raio de sol através da janela de uma igreja. Ao ver essa fotografia, na qual, visivelmente, ninguém está presente, Jung disse espontaneamente: 'A imagem é perfeita. Todos eles estão aí' (*L'image est parfaite. Ils sont tous là*)".[1]

Com o passar do tempo, ao lado das conversas à mesa-redonda, em Eranos surgiu o hábito de mais uma conversa; eram as chamadas "sessões da mureta", que se passavam assim: durante

---

[1] Eranos, XXXI, 1962, p. 15.

os intervalos das conferências e depois destas, Jung costumava sentar-se no pequeno muro do terraço e, em pouco tempo, agrupavam-se ao seu redor, como uvas no cacho, ouvintes e discípulos; mas sobretudo discípulas. Cada conferência era comentada psicologicamente por Jung, e cada pergunta, por mais breve ou simples que fosse, recebia uma resposta rica. Eram as mais impressionantes e vívidas instruções de psicologia possíveis de presenciar. Jung possuía maravilhosa generosidade espiritual. Ele próprio parecia encontrar prazer nessas "sessões". Desse modo, ocorreu que, cada vez com mais frequência, ele convidava o nosso grupo de Zurique para o seu apartamento na Casa Eranos, ou porque não conseguíamos discutir tudo até o fim, junto ao muro do terraço, ou porque queria comunicar-nos ideias que lhe passavam pela cabeça, ou que tivessem sido despertadas pelas conversas à mesa. Por isso – após a sua estadia de 1951 em Eranos –, escreveu também sobre seu retiro em Bollingen a uma das suas discípulas: "Depois de Eranos, senti muita falta da troca diária de ideias e do calor humano que me envolvia".

Sobre as conversas e encontros com Jung em Eranos, Adolf Portmann escreveu: "Conhecer Jung, presenciar, na conversa do dia a dia, o incessante trabalho do seu espírito, sentir o impacto com que se apoderava de novos conhecimentos, estar próximo, quando ele atraía para si os diversos oradores que entraram em nosso círculo com temas novos e aos quais formulava as suas perguntas, tudo isso eram impressões de constante profundidade. Presenciar o homem que foi enaltecido ao máximo por uns e julgado por outros com não menor ceticismo era a feliz oportunidade de nos explicarmos com um espírito tão rico e compreendermos mais profundamente o nosso próprio desejo. No decorrer dos dez anos de convívio regular no verão, ele me parecia ser uma força natural e inteiramente especial, dotada, numa medida incomum, da capacidade de nos tornar conscientes dos tipos de atividade psíquica inerente a todos nós. Experimentamos um poder criativo que trazia à luz, de maneira sempre renovada, imagens e comparações novas oriundas da interdependência do âmbito psíquico e do espiritual".[2]

Uma única vez, o curso do congresso foi interrompido por um acontecimento extraordinário, uma festa noturna realizada no terraço da Casa Eranos. Ela é lembrada até hoje como uma lenda, com o nome de "viagem marítima noturna", o que não corresponde inteiramente à verdade porque é difícil imaginar viagem noturna mais estrondosa do que a nossa "Nekyia". Tudo ocorreu de modo muitíssimo divertido em meio à embriaguez geral. O barão von der Heydt doara o vinho. E, apesar de não haver música para dança, esta retumbava ao longe para além do lago. A vizinhança mais próxima, assim como a mais afastada, enviava à senhora Fröbe mensageiros com queixas contra a desacostumada perturbação da ordem, mas de nada adiantava. Jung estava bastante "tocado", e lembro-me das palavras que seu amigo e colega de estudos, Albert Oeri, escreveu sobre ele em suas

---

[2] *An den Grenzen des Wissens*. Viena, Düsseldorf, 1974, p. 226.

memórias: "As bebedeiras de Jung eram raras, mas barulhentas". Não era só Jung que estava embriagado, mas todos os outros também. Jung mostrava-se muito satisfeito com isso e estimulava os que estavam sóbrios demais a prestarem as devidas honras a Dionísio. Aparecia ora aqui, ora adiante, fazendo pilhérias e troças e revelando a embriaguez do seu espírito. Foi essa a única festa que se realizou num congresso de Eranos. Aparentemente, Dionísio ficou satisfeito, de uma vez para sempre, com esse sacrifício de vinho e embriaguez.

A conferência, o contato com as pessoas e também o prazer diante da bela paisagem e do jardim eram apenas alguns dos aspectos, absolutamente pessoais, do interesse de Jung por Eranos. Ao lado destes, havia outro fator oculto e impessoal, que determinava, num sentido muito mais profundo, a sua relação com Eranos. Tal fator residia, poder-se-ia dizer, na natureza arquetípica de Eranos. Eranos, como fenômeno arquetípico, cativara Jung com o seu encanto.

Ao tentar descrever o caráter arquetípico de Eranos, vêm à minha memória dois ditos. Erich Neumann escreveu certa vez: "Eranos, paisagem de lago, jardim e casa. Discreto e afastado e, no entanto, umbigo no mundo, pequeno elo da corrente de ouro". Neumann aludia assim à *Aurea Catena* hermética, isto é, uma corrente de sábios que, desde Hermes Trismegisto, o alquimista alexandrino, une os opostos – céu e terra.

Helmut Wilhelm falava de Eranos usando expressões de Confúcio: "Unir amigos em sítio cultivado e, por meio deles, preparar um caminho para os homens".

Lugar de reunião amigável e de união dos opostos, essas imagens talvez exprimam melhor o caráter arquetípico de Eranos. Segundo o desejo de sua fundadora, Olga Fröbe, Eranos destinava-se originariamente ao confronto dos grandes antagonismos existentes na religiosidade e espiritualidade ocidental e oriental. No decorrer dos anos, Eranos se desenvolveu e se transformou – muito além do objetivo inicial – num lugar de intercâmbio de ideias das ciências naturais e espirituais, da religião e mitos, da psicologia e da mística ou gnose, do histórico e do atemporal, do racional e do irracional. Em Eranos realizou-se o que, no mundo científico do nosso tempo, é quase inimaginável: a unificação dos aspectos antagônicos da visão humana do universo, dentro de um espírito de amizade e simpatia. Jung ressaltou também isso ao escrever, em 1951, que Eranos "oferecia a oportunidade única na Europa, na qual acima de toda limitação das especialidades científicas, os peritos e leigos de espírito interessados podiam se encontrar para, juntos, trocar ideias". Desse modo, como diria mais adiante, Eranos estaria proporcionando uma contribuição ímpar à história espiritual europeia.

Cada contribuição constituía apenas uma das facetas do congresso. E nenhuma deve faltar, pois todas reunidas formam uma totalidade; e essa integração sempre se faz sem qualquer ordem ou acordo anterior, com total liberdade do conferencista. O encontro do Oriente com o Ocidente, planejado originalmente, foi mantido até os nossos dias, e essa preservação faz parte da natureza da metamorfose geradora do arquétipo. Não se deve perder nada que seja essencial. Desse modo, Eranos apresenta-se como um jogo do espírito, do qual Portmann dizia: "Acolher com respeito o mistério do espírito, fazer falar, com sentido atento, o que se pode dizer, estar sempre consciente da presença do que não pode ser dito; eis o espírito do trabalho de Eranos". Compreende-se que tal atitude fascinasse Jung, uma vez que as palavras de Portmann poderiam ser interpretadas também como uma divisa do modo de trabalhar do próprio Jung. As imagens arquetípicas é que podem revelar os mistérios do espírito, torná-los dizíveis e compreensíveis pelo homem. Mas o incognoscível, isto é, o inconsciente, origem desses arquétipos, permanece para sempre desconhecido, e a sua existência só pode ser intuída pelos seus efeitos. Nesse sentido, os anuários de Eranos são um verdadeiro tesouro de conteúdos arquetípicos. São um testemunho do fenômeno humano e do desejo de o homem ultrapassar os limites do indizível e vencer essa impossibilidade por meio dos símbolos, das imagens arquetípicas ou da música. As duas edições especiais do anuário de Eranos, por ocasião do 75º aniversário de Jung, são dedicadas ao tema dos arquétipos, sob os títulos *Studien zum Problem des Archetypischen* e *Aus der Welt der Urbilder*.

Jung ficou muito grato a Daniel Brody pelo seu empreendimento ousado de abrir, para as contribuições de Eranos, um caminho no sentido do público. Daniel Brody era proprietário da Editora Rhein, que lançou os anuários de Eranos até ser absorvida, em 1970, pela Editora Brill.[3] Em 1953, Jung dirigiu a

---

[3] A partir de 1977, Ed. Insel.

Brody as seguintes palavras: "Com previsão e sem se importar com os desfavores do tempo, o senhor deu um passo decisivo numa obra cultural que, ao se irradiar para o mundo distante, foi também muito vantajosa para mim mesmo. O seu sucesso como editor abriu também para mim caminhos pelos quais um pioneiro só pode sentir-se grato. Assim, o senhor estendeu a mão não apenas a mim, mas também a muitos outros".

Eranos começou as suas atividades no ano fatídico de 1933. Como um local de encontro espiritual acima de todas as diferenças interiores e exteriores desde o início, estava numa situação compensadora em comparação com um mundo de dissipação e de especialização, que gerava inimizades. Até mesmo os tempos extremamente difíceis durante e após a Segunda Guerra Mundial não conseguiram acarretar nenhum mal a esse espírito de amigável união, cuja continuidade era um consolo. Como de costume, reuniam-se em Eranos as ideias, as nações e as línguas em solidariedade.

Quando, em 1942, em meio à guerra, Eranos lutava pela sua manutenção financeira, Jung dirigiu à fundação *Pro Helvetia* uma petição, em que dizia: (os congressos) "são, nos tempos atuais, a única plataforma europeia onde os representantes da espiritualidade da Europa ainda podem se encontrar, longe dos mal-entendidos políticos e das tensões. Esses congressos e também o conjunto de conferências que ali se fazem e que são anualmente publicadas representam para o estrangeiro uma fonte de importantes estímulos espirituais (...). Por isso, considero esse empreendimento da máxima importância para a defesa espiritual do país. Ele cumpre um dever cultural extremamente importante nos nossos dias (...). Para a vida espiritual da Suíça e para as relações e atividades internacionais que emanam desse país seria uma perda irreparável se (...) um evento de tal importância estivesse fadado a desaparecer". Por paradoxal que possa parecer, naqueles dias tenebrosos da guerra, a missão cultural de Eranos, conforme se depreende do que Jung escreveu, passou a ter importância política como uma contribuição à defesa espiritual do país.

Apesar disso, Jung tinha interesse em manter Eranos, sob qualquer condição, livre da política. Em 1946, terminada a guerra, Olga Fröbe sugeriu-lhe a ideia de permitir que falassem também homens que, de algum modo, fossem líderes e que mantivessem relações com a renovação cultural da Europa. Pensava-se em incluir, entre outros, John Foster Dulles. Em resposta enérgica, Jung deu a entender que não. "O público de Eranos não vem para ouvir falar de política", dizia ele na conclusão da sua carta, "e ficaria muito decepcionado com isso. Se quer fazer uma coisa assim, terá de organizar todo um congresso político, mas para um público bem diferente."

Um dos mais impressionantes congressos ocorreu em 1940, em plena guerra. Na verdade, fora planejado apenas um encontro simbólico; as circunstâncias do momento não permitiam que nenhum dos oradores estrangeiros viajasse até a Suíça. Estava anunciada apenas uma conferência de Andreas Speiser, de Basel,

"A doutrina platônica do Deus desconhecido e a Trindade Cristã". Apesar disso, o casal Jung compareceu, acompanhado de um pequeno grupo de Zurique e de Basel. Éramos uma boa dúzia de ouvintes.

Nunca esquecerei que Olga Fröbe declarou, na curta abertura que fez, com a seriedade que lhe era peculiar: se não tivessem comparecido nem orador nem ouvintes, ela não deixaria de fazer a celebração de Eranos, ainda que sozinha.

A exposição do professor Speiser foi um acontecimento que deixou Jung igualmente impressionado. Era mais do que visível como o que ouvira trabalhava e repercutia nele. Desse modo, não foi difícil persuadi-lo a dizer também algo sobre o tema da Trindade, no dia seguinte. Depois do almoço, recebeu uma Bíblia, retirou-se para o jardim e pediu que o deixassem só. No outro dia, improvisou a sua conferência "Sobre a psicologia da ideia da Trindade". Enquanto falava, com o seu modo lento, frase por frase sobre esse grande tema, presenciamos, com a respiração suspensa, o espírito, por assim dizer, *in statu nascendi*.

As conferências do professor Speiser e de Jung apareceram, inicialmente, em cópias datilografadas, sendo mais tarde publicadas no anuário, juntamente com as de 1941. Nesse ano, já haviam participado do congresso quatro oradores (Jung, Pulver, Buonaiuti e Kerényi).

Jung ocupou-se ainda com essa conferência sobre a Trindade durante sete anos aproximadamente, até que, quase triplicada, ela adquiriu sua forma definitiva. No conjunto das suas obras, ela apareceu, em 1948, sob o título, muito mais cauteloso, "Ensaio de uma apresentação psicológica do dogma da Trindade".

Jung participava dos congressos não apenas como orador e ouvinte, mas desempenhava papel importante na sua organização, o que fazia em colaboração com a sua fundadora, Olga Fröbe, a respeito de quem desejo dizer algumas palavras.

Olga Fröbe nasceu em Londres, em 1881, mas viveu depois na Suíça. Em 1928, fez construir um salão ao lado da sua residência, a Casa Gabriella, à beira do lago Maggiore, com a ideia de manter um lugar que permitisse o encontro espiritual de buscadores, pesquisadores e leigos. Decisivo foi o seu encontro com Rudolf Otto, historiador de religiões, que ela visitou em 1932, em Marburgo a fim de comunicar a sua ideia. Rudolf Otto ficou muito impressionado e, 25 anos depois, Olga Fröbe escreveu: "Quando, naquela memorável tarde de novembro de 1932, toquei a sineta da porta do grande cientista, Rudolf Otto, entrei num momento criativo e, como num palco, uma cortina se ergueu. Quando o próprio Otto abriu a porta, tudo nele me dava as boas-vindas, tudo acolhia Eranos e o momento presente. Ali ocorreu um encontro interior e também exterior e ele reconheceu a validade da situação".

Foi Rudolf Otto que propôs o nome "Eranos", que na Grécia antiga significava um banquete no qual o hóspede se mostrava digno do convite mediante um presente espiritual. Essas dádivas consistiam de canções, de uma poesia ou de uma oração improvisada. Sob os auspícios dessa antiga tradição estão os nossos congressos. Cada hóspede contribui com uma dádiva e, desse modo, o nome "Eranos" ressalta também, à sua maneira, o caráter arquetípico dos congressos.

Olga Fröbe e Jung conheceram-se em 1930, em Darmstadt, num congresso da "escola de sabedoria" do conde Keyserling. O relacionamento entre os dois não se baseava numa concordância harmoniosa. Olga Fröbe escreveu mais tarde que se poderia falar muito mais de uma disputa do que de uma relação. Tirei essas palavras das suas anotações de 1956, postas gentilmente à minha disposição por Rudolf Ritsema.[4] Elas encerram uma retrospectiva e um questionamento interior com Jung sobre aquilo de que ainda voltarei a falar.

O acontecimento que iria influenciar, durante longo tempo, o futuro da relação de Jung com Olga Fröbe e, do mesmo modo o de Eranos, ocorreu em 1935. Nesse congresso, Jung declarou que, no ano seguinte, não iria a Ascona por estar comprometido com a Universidade de Harvard. A senhora Fröbe ficou decepcionada. Pouco depois, visitou Jung em Küsnacht. Ela conta sobre essa visita nas suas anotações: Olga provocara Jung com a pergunta sobre se poderia estar segura da sua simpatia por Eranos, quer fizesse ou não uma conferência. Caso Jung não simpatizasse com Eranos, prossegue o seu relato, ela o deixaria de lado e esse seria o fim dessa amizade. Nas suas palavras, tratava-se de um verdadeiro ultimato. Jung, um pouco espantado, teria respondido

---

[4] Dirigente dos congressos de Eranos e editor dos Anuários.

que *simpatizava* com Eranos. E à outra pergunta de Olga Fröbe sobre se era realmente impossível ele falar no congresso seguinte, Jung teria respondido, para sua surpresa: "Claro que posso falar". Não se pôde averiguar posteriormente o que nesse relato é literalmente verdadeiro e o que é fantasia. Mas quem conheceu Jung sabe que ele era capaz de mudar de opinião, inteiramente livre da ideia de congruência, quando sentia que a opinião oposta não provinha de intenções personalistas, mas tinha caráter genuíno. E, de fato, falou em seguida, em 1936, sobre as ideias de salvação na alquimia. Olga Fröbe sentiu-se, como escreveu, "na surpreendente situação de ter ganho uma batalha, e isso por muitos anos". Mas no fundo não foi ela quem ganhou a batalha, mas sim o arquétipo Eranos que impôs seu poder. Jung não teria podido subtrair-se à sua influência e provavelmente foi o arquétipo que deu a Olga Fröbe, naquela oportunidade, a coragem para formular o ultimato. Na obra *Psicologia e Alquimia*, editada oito anos mais tarde (1944), essa conferência de Eranos, bastante ampliada, forma o terceiro capítulo.

Desde o início houve uma intensa correspondência entre Olga Fröbe e Jung. Dela se pode depreender que, em questões de organização dos congressos, Olga Fröbe sempre solicitou repetidamente o conselho de Jung. Daí resultou uma colaboração verdadeira. A transformação e ampliação do objetivo original de Eranos, inicialmente mencionadas, foram, nesses anos, estimuladas e promovidas por Jung. Nessa circunstância, ele tomou muito cuidado para não pôr sua pessoa e sua psicologia em primeiro plano. Em 27/9/1943, escreveu ele à senhora Fröbe: "Como já disse inúmeras vezes, gosto de evitar tudo o que me coloque demais em primeiro plano, e isso com a meditada consideração de que não é vantajoso para o trabalho de Eranos que ele seja feito, de algum modo, sob o meu patrocínio. Não quero, de forma alguma, causar a impressão de que a colaboração autônoma e voluntária dos outros seja compelida para a minha bitola psicológica e, desse modo, pressionada por mim. É particularmente importante para Eranos que cada orador sinta estar dando uma contribuição independente e não uma que se preste a qualquer propósito".

Nos anos de 1935-1938, por sugestão de Jung, a senhora Fröbe viajou para visitar as grandes bibliotecas de Roma, de Londres e dos Estados Unidos e compôs o arquivo fotográfico de Eranos, extraordinária coleção de fotos de representações alquimistas e arquetípicas de todas as culturas e de todos os séculos.

Em 1947, por ocasião da primeira e casual visita de Erich Neumann à senhora Fröbe, ele ficou tão entusiasmado com esse arquivo, que – como escreveu logo depois a Julie Neumann – o seu entusiasmo também a contagiou. Pouco depois, ela o convidou para falar no congresso seguinte. Em 1948, Neumann fez a primeira de suas quatorze conferências. O tema foi "o homem místico".

Os três exemplares do arquivo fotográfico estão hoje na Biblioteca Warburg, em Londres, no C. G. Jung Center, em Nova York[5] e no Instituto C. G. Jung, em Zurique.

---

[5]   Nesse lugar continua a ser mantido o arquivo de Eranos, ampliado com o nome de *Archives for Research in Archetypal Psychologie*, ARAS.

A relação de Olga com Jung parece, por isso, tão notável; duas pessoas que, acima dos seus sentimentos pessoais, uniram o seu trabalho fecundo dedicando-se a uma missão espiritual. A importância dessa relação estava no seu caráter impessoal. Nas suas numerosas cartas, é difícil perceber qualquer tensão. O fato de, nos muitos anos, Jung ter chegado a irritar-se uma ou duas vezes devido a alguma coisa insignificante na verdade não basta para que posteriormente essa relação fosse chamada de "tempestuosa". Mas compreende-se a opinião da senhora Fröbe quando se considera que não deve ter sido fácil para a sua personalidade forte e poderosa ir ao encontro da imponência e da supremacia criativa de Jung e, daí, sentir-se obrigada a lutar contra ele e sua influência a fim de preservar a própria autonomia interior. No entanto, como o aspecto impessoal fosse decisivo, a relação continuou depois que Jung deixou de ir aos congressos e quando, após 1952, deixou de participar da sua organização.

Exteriormente essa amizade pareceu diminuir pouco a pouco. Cartas eram trocadas raras vezes e já não havia mais encontros. Contudo, como se verificaria mais tarde, o vínculo interior entre os dois nunca se rompeu, e o mérito da senhora Fröbe foi ter criado as condições para essa continuidade. Durante anos, ela lutou pela clareza íntima da sua relação com Jung. As anotações que deixou proporcionam esclarecimentos sobre isso.

Com extraordinária honestidade consigo mesma, Olga Fröbe reconheceu que a causa do que chamava de "tempestuosa" estava na sua própria transmissão negativa. Ela teria projetado em Jung – assim escreveu – a imagem de um demônio poderoso, mau e injusto. Entendido psicologicamente, isso correspondia ao seu *animus* negativo, à sua própria masculinidade agressiva. Pela autoanálise posterior, com a sua imaginação ativa, ela teve consciência de que a atitude de Jung tinha sido amplamente determinada por essa sua projeção. Ou, em outros termos, a atitude exterior de Jung refletia a projeção do demônio mau dela; e, em tais casos, Jung de fato era suscetível de reagir com grande dureza e rigor. No entanto, na base da relação, permaneceu algo mais profundo, a que já fiz alusão.

Após anos de esforços interiores – assim consta das anotações de Olga Fröbe –, a imagem do demônio ter-se-ia dissolvido e, do mesmo modo, muito da culpa e da luta irreal de Jung teria se transformado num sentimento consolador, sem afetação. Por trás da máscara demoníaca surgira o homem Jung.

Apesar de todo o sofrimento, Olga Fröbe sentiu que a fase da luta e da projeção tivera um sentido, porque sem ela – como registrou – e sem a reação de Jung, ela própria jamais teria encarado o problema da sua masculinidade. "Nunca teria descoberto que o demônio estava dentro de mim mesma."

Contudo, é necessário acrescentar a essa confissão que a mulher que trouxe Eranos ao mundo precisava, para realizar essa ideia, de um espírito forte e masculino. O *animus* é também o espírito criativo na mulher, mas transforma-se num demônio destrutivo quando adquire supremacia sobre o consciente feminino, e a mulher se identifica com a sua masculinidade ou a sua obra. É provável que nem sempre Olga Fröbe tenha sabido manter-se firme contra essa tentação.

Mas quem já soube alguma vez, por a ter vivido, quão difícil é reconhecer uma projeção e fazer a distinção entre o portador da projeção e os conteúdos projetados lerá, com admiração e simpatia, o corajoso e honesto relato da conscientização do *animus* e do desenvolvimento interior da relação de Olga Fröbe com Jung. Em 1960, após grave operação da vista, ela escrevia a Jung, na conclusão de uma longa carta: "Nas experiências das últimas semanas (no hospital), mantive-me constantemente fiel a um dito seu ou a um versículo do *I Ching* e, desse modo, constatei que bênção tinha sido para a obra e para mim mesma a sua colaboração em Eranos. Apesar das muitas dificuldades pessoais, sempre me mantive fiel ao que foi dito pelo senhor. E agora, 27 anos depois, mais do que nunca. Sinto-me profundamente feliz por ainda poder dizer-lhe isso". Esse fato ocorreu um ano antes da morte de Jung; a senhora Fröbe veio a falecer dois anos mais tarde, em 1962.

Jung respondia pormenorizadamente às perguntas pessoais das cartas de Olga Fröbe, explicando e interpretando com cuidado os seus sonhos e visões e, às vezes, aconselhando-a. Como em sua velhice avançada as consultas e interpretações epistolares o cansavam ao extremo, Jung se negava a fazê-lo para outras pessoas, mas não hesitava em abrir exceção para a senhora Fröbe. As suas respostas eram concentradas e plenas de compreensão, por mais que faltassem calor e cordialidade nas palavras de Olga Fröbe. Mesmo assim, essas cartas mais recentes são o sinal tangível do laço interior jamais interrompido e uma expressão de gratidão a essa mulher e sua obra – Eranos.

OS ÚLTIMOS ANOS DE JUNG

Quando me tornei secretária de Jung, ele estava no início de sua nona década de vida. Sua obra científica estava praticamente concluída, a colheita recolhida. Aos que lhe perguntavam pelos planos de trabalho, dizia estar satisfeito por ter dito tudo quanto fora encarregado de dizer. Só os que conheciam Jung de perto percebiam, por trás dessas palavras, uma suave resignação. O espírito questionador e pesquisador de Jung jamais poderia nem queria deixar-se restringir, mas o seu corpo estava cansado demais para ainda uma vez suportar as exigências da elaboração de uma obra de maior vulto.

Primeiro a sua saúde e vitalidade foram enfraquecidas por uma disenteria amebiana que contraiu na Índia, em 1938; o golpe seguinte foi um grave enfarte cardíaco, em 1944, que a vida vibrou contra ele. "Dessa vez a vida me destruiu e ela destrói uma vez cada um de nós!". A passagem para a velhice física ocorrera. No entanto, na doença e nas vizinhanças da morte, ficou evidente que as forças criativas levantaram-se uma vez mais e novas ideias surgiram. Depois da viagem à Índia, a alquimia passou a ocupar o centro de um trabalho científico extremamente fecundo. Ao restabelecimento do enfarte cardíaco, seguiu-se uma fase de intensa criatividade espiritual. Em curtos intervalos, surgiram *Aion*, *Resposta a Jó* e *A Natureza da Psique* (principalmente os artigos "Considerações Teóricas Sobre a Natureza do Psíquico" *e* "Sincronicidade: Um Princípio de Conexões Acausais").

O final dessa série foram os dois volumes de *Mysterium Coniunctionis*, que ele dizia ser a sua "última" obra. Os dois volumes, nos quais Jung vinha trabalhando há mais de dez anos, apareceram em 1955 e 1956. Com a doença mortal de sua esposa Emma, nascida em Rauschenbach e falecida em novembro de 1955, teve início para Jung a fase final da sua vida.

A sua figura alta se curvara levemente, em 1955, e parecia quase frágil. No entanto, na maioria das vezes, essa fragilidade física nem era notada, porque desaparecia por trás de certo poder que emanava dele e a cuja impressão ninguém podia escapar. Não era o poder da severidade, pois Jung se mostrava demasiadamente benévolo e bondoso e, mesmo em idade avançada, ainda se voltava para os homens, possuindo um manifesto bom humor. Não era igualmente o poder do conhecimento erudito ou do intelecto diferenciado e rico, pois ele tinha demasiado respeito pelo saber verdadeiro e pela capacidade do outro – dificilmente alguém se deixava, como ele, instruir com tanta aplicação. O poder de Jung tinha muito pouco a ver com o que correntemente é chamado de autoridade. O que nele era tão sensivelmente impressionante resultava na superioridade do homem que travava uma batalha de vida ou morte com o gênio criativo e o vencera, mas fora marcado pela batalha. Tal poder é profundamente humano, por isso não desperta medo nem oprime, não embaraça nem diminui, mas transforma os outros: impõe respeito.

Quando comecei as minhas funções junto a Jung, eu o conhecia há duas décadas. Em 1937, poucos meses antes da viagem que fez à Índia, eu tinha iniciado a minha análise com ele. Em 1947, passei a ser secretária do Instituto C. G. Jung, em Zurique, recentemente fundado. Já naquela época o número de tarefas maiores ou menores que Jung costumava transferir para mim aumentava – cartas, pesquisas em bibliotecas, informações sobre separatas e manuscritos que eram enviados a ele para crítica e se acumulavam em sua biblioteca, formando montes praticamente impossíveis de se dar cabo. Em 1950, ele incluiu uma pesquisa psicológica que realizei sobre as imagens e símbolos do conto de fadas *O Pote de Ouro*, de E. T. A. Hoffmann, em seus ensaios intitulados *Formações do Inconsciente*. Havia uma coisa em comum nas visitas e horas de análise e também no trabalho com ele: desenrolavam-se em ambientes reservados e protegidos do cotidiano, constituindo ilhas de paz na torrente do tempo. Então isso deveria mudar. O iminente confronto com a realidade externa do dia a dia era motivo suficiente, para os dois introvertidos, de profunda reflexão e de preparação para o que viria em seguida.

A minha "iniciação" na nova função foi breve e surpreendente. Jung explicou-me que eu não deveria jamais, e sob nenhum pretexto, me deixar aborrecer com a sua ira e com os seus ocasionais resmungos e ralhos. E mais: esperava que eu não pretendesse me tornar indispensável. Aos olhos de Jung, esse tão conhecido objetivo feminino nada mais era do que uma secreta pretensão de poder; para ele, o desejo consciente ou inconsciente de poder era uma sombra escura, a raiz de inúmeros males, sobretudo nas relações humanas.

A franqueza do idoso grande homem, a alusão preventiva à sua ira facilmente excitável e à sua propensão a dar vazão aos aborrecimentos, levando em conta a minha sensibilidade, eram a expressão da relação que Jung tinha consigo mesmo, da qual faziam parte a consideração e a exigência. Nessa duplicidade, ele era inteiramente autêntico e, por isso, inspirava confiança e reciprocidade. É verdade que, até então, eu não chegara ainda a conhecer o lado violento de Jung; a forma da nossa relação fora harmoniosa e suave. E então, isso era passado. A relação se transformou, tornou-se mais real e, por isso mesmo, mais completa.

Renunciar à pretensão de ser indispensável não me criou maiores dificuldades. Eu tinha apenas de manter o escritório em tal ordem que ele pudesse ser conservado assim por outra pessoa e tudo fosse fácil de achar. Certa vez faltei com o combinado: tínhamos instalado um "arquivo UFO" (*Unidentified Flying Objects,* conhecidos como "discos voadores"), no qual havia, ao lado de inúmeros livros e revistas especializadas, também fotografias, recortes de jornais do mundo inteiro, cartas, relatos de sonhos e as próprias anotações de Jung. Em pouco tempo, as prateleiras ficaram cheias, além de mais cinco ou seis grandes caixas que, por falta de espaço, fui obrigada a meter em outros dois armários. Ocorreu que, certa tarde, Jung não encontrou a foto do UFO que queria mostrar a um visitante; coisa aborrecida, mas sem maior importância. A reação de Jung foi muito elucidativa. Como eu trabalhava às tardes em minha casa, teria sido fácil uma das empregadas me telefonar e, com duas palavras, eu teria resolvido o assunto. Mas Jung jamais pensaria numa saída desse tipo; quando, em situações semelhantes, alguém propunha uma solução cômoda, ele sempre recusava. Isso não resultava de uma aversão ao telefone ou a outros recursos técnicos modernos, mas de uma atitude fundamental diante dos acontecimentos. Ele preferia deixar as coisas se desenvolverem por si mesmas. *Don't interfere!* (Não interfira!) era um dos seus lemas, que vigorava por tanto tempo quanto fosse possível manter sem perigo uma atitude de expectativa e observação. Situações que exigiam interferência eram absolutamente exceção. Nisso a atitude de Jung era tudo menos indolente, mas acima de tudo havia a curiosidade característica do pesquisador diante da vida e dos acontecimentos. Estes tinham ocorrido; ele os deixava ocorrer, sem, no entanto, voltar-lhes as costas, mas acompanhando a sua evolução com intensa atenção e cheio de expectativa pelo resultado. Jung jamais fechou a porta à possibilidade de que a vida soubesse melhor do que o raciocínio que procura corrigir, e a sua atenção não pertencia tanto às coisas em si como àquela incógnita que coordena o acontecimento, acima da vontade e do conhecimento humanos. O objetivo era perceber e compreender as intenções ocultas desse ordenador e, para penetrar o seu segredo, nenhum evento era insignificante demais e momento algum curto demais.

Jung possuía um pequeno e antigo almofariz que usava como cinzeiro; a chama do fósforo sempre recrudescia uma vez mais e queimava tudo o que estava dentro dele. Se alguma vez alguém tentava, solicitamente, apagar o incêndio, era irônica ou secamente repreendido: *Don't interfere!*. A brincadeira com o fósforo aceso era um teste que Jung tinha inventado para pôr os homens à prova e penetrar em seu íntimo.

O respeito à vida determinava também o caráter do seu trabalho analítico. Em vão o paciente deprimido que se submetia à análise esperava o consolo de Jung. Para ele não era disso que se tratava; ele desejava levar o paciente ao ponto de incluir o sofrimento necessário na vida, de admiti-lo como parte do todo e de suportá-lo, pois não há vida sem tristeza e dor. Eliminá-las com palavras de consolo ou excluí-las seria privar o paciente de uma experiência de vida, ao passo que o núcleo da depressão permaneceria, produzindo, em pouco tempo, novo sofrimento.

Nem sempre era fácil atinar com o motivo da atitude de Jung e suas exigências de apoio à totalidade da vida, nem era simples seguir o caminho que ele indicava: o da determinação interior. Não constituía então um milagre o fato de o inconsciente vir, de vez em quando, dar uma ajuda com as suas imagens. O sonho engraçado de uma paciente captou bem essa situação. Ela recebia ordem de entrar numa cova cheia de alguma coisa quente e submergir. Ela obedeceu, mas um dos seus ombros ficou de fora. Nesse momento Jung teria chegado – assim diz o relato – e a teria empurrado inteiramente para o interior da cova quente e gritado para ela: "Não saia, atravesse!". Comentando esse sonho, num seminário realizado na Faculdade Técnica, em Zurique (no semestre do inverno de 1938-39), Jung o fez com evidente prazer, porque sabia que, dessa forma, punha uma chave nas mãos de uma série de pacientes femininos e masculinos presentes ao seminário.

Jung acompanhava o movimento descendente da vida, quando este correspondia à verdade interior. Contudo, era capaz, como ninguém, de viver e de alegrar-se quando havia oportunidade. Só depois de anos, conhecendo-o melhor, descobria-se que ele – tal qual um verdadeiro Eulenspiegel – nunca ficava sem uma ponta de secreta preocupação por conhecer o pêndulo da vida, a inevitável compensação do "alto" pelo "baixo". Tinha "sofrido" um sucesso? – num momento apropriado, ele era capaz de perguntar assim, meio irônico e divertido. Previa também as consequências: o sofrimento aceito pode aos poucos transformar-se em calma, alegria serena e energia; a alegria irrefletida converte-se muito depressa e com frequência em tristeza e inquietação. O sofrimento desafia o homem, exige a mudança, mas a alegria não, ou só muito raramente.

O chamado "cristianismo feliz" ou a afetação sentimental ornada de graciosos enfeites desgostava profundamente Jung. Nunca me esquecerei da sua explosão de ironia e raiva diante de um insignificante motivo: a participação de um nascimento feita com os mimosos adornos habituais. Para ele o sofrimento da vida humana e a miséria do tempo eram uma realidade coparticipante, presente em cada momento. Esperava também dos outros a mesma prontidão atenta.

Acontecia às vezes de irmos à hora da análise carregados de dificuldades, de um sonho ou de alguma coisa importante, ansiando por falar disso a Jung. Mas tudo se passava de modo muito diferente: o próprio Jung estava interessado em algo e começava a contá-lo e, uma vez que estava contando, esquecia-se do tempo; a torrente não tinha fim e, em tais horas, era preciso ter muita energia para interrompê-lo e falar do nosso próprio assunto, o que, aliás, ele nunca levava a mal. Eu nunca tinha força para isso e bem poucos a tinham. Os que não o interrompiam viveram – quase diria regularmente – uma surpresa. Ao se deixarem arrastar pela torrente de ideias, imagens e experiências, intuições e sonhos, ampliações e interpretações, nadavam juntos, sem se preocuparem com o avanço dos ponteiros do relógio, descobrindo em seguida, de repente, que as palavras de Jung se relacionavam cada vez mais e, por fim, com a máxima precisão, com o assunto que, na verdade, queriam discutir. Recebiam a resposta, sem haver feito a pergunta. "He has a terrific intuition", disse certa vez um inglês a respeito dele. Isso naturalmente era exceção. Normalmente Jung era o mais paciente e atento ouvinte. Mas é provável que, quando falava, suas palavras causassem um efeito mais profundo.

Na qualidade de médico, de modo algum Jung recusava o tratamento médico, embora no fundo isso pudesse ser considerado uma "intervenção na natureza". Era, porém, muito reservado e pessoalmente avesso ao uso de soporíferos. Nas raras vezes em que tomava um sonífero, quando já contava com mais de 80 anos, sentia e sofria isso como uma "derrota moral". Geralmente tinha um sono maravilhoso, profundo e rico, o que resultava não só da sua boa constituição, mas também da sua estreita e positiva relação com o inconsciente. O sono era a fonte da sua energia psíquica. Quando a sua natural proximidade com o inconsciente sofria uma perturbação, ficava irritado, quase envergonhado, como se o filho tivesse ofendido a Grande Mãe. Depois, esforçava-se pacientemente para restabelecer a relação, a fim de encontrar de novo o caminho para o sono e o portal dos sonhos. A melhor maneira de conseguir isso era a mudança dos hábitos cotidianos. Se estivesse trabalhando num manuscrito, este era posto de lado e canceladas as visitas da tarde. Desse modo, afrouxavam-se as limitações do tempo, rígidas demais. O tempo recuava e havia então a liberdade para se soltar, aprofundar-se no interior de si mesmo e entregar-se às imagens e ideias que surgissem. Em pouco tempo, a calma exterior quase sempre produzia o restabelecimento do sono.

Jung encontrava a cura mais rápida para o sono perturbado na sua "Torre", em Bollingen, onde, em anos anteriores, costumava permanecer sozinho, muitas vezes semanas inteiras. Velejar e entregar-se ao vento era o seu relaxamento, e isso restabelecia a sua calma interior.

Certa vez apareceu no seu consultório uma jovem simples, professora numa aldeia no cantão de Solothurn. Fora mandada a ele por um médico que Jung conhecia pessoalmente. Ela sofria de insônia quase total e era uma pessoa que se torturava por achar que não fazia nada certo e não estava à altura das exigências da vida do dia a dia. Precisava de repouso. Jung tentou explicar-lhe algumas coisas e disse-lhe também o quanto velejar era terapêutico, mas logo percebeu que ela mal o entendia. Sentiu pena, pois queria ajudá-la, mas só havia uma única hora disponível. Enquanto ainda falava, lembrou-se, no entanto, de uma velha canção sobre as águas do Reno e sobre um barquinho e pequenos peixes. Quando garoto de 8 ou 9 anos, escutara muitas vezes sua mãe cantá-la para a irmã pequena, antes de dormir. Quase sem querer, começou a cantarolar baixinho as suas palavras sobre o veleiro, o vento, a água e o repouso que a melodia da velha cantiga de ninar proporcionava. "J'ai chantonné ces sensations. Et j'ai vu qu'elle était 'enchantée'", contava ele, após muitos anos, numa conversa com o jornalista Georges Duplain. A hora passou rápido e ele precisava despedir a paciente. Dois anos mais tarde, encontrando o médico que enviara a moça num congresso, este insistiu para que Jung dissesse algo sobre o seu método terapêutico, pois a insônia da paciente – dizia ele – tinha desaparecido com a visita dela a Küsnacht e, desde então não voltara mais. Era um enigma para ele o fato de Jung ter conseguido curá-la em apenas uma hora. Na verdade, a jovem lhe contara algo sobre o vento e um veleiro, mas nada conseguira tirar dela a respeito da terapia em si. Jung logicamente se sentiu em apuros; não podia dizer ao colega a verdade: que tinha ouvido e percebido a voz de sua mãe dentro de si mesmo e a melodia de uma velha cantiga de ninar, cantarolando-a para a moça. "L'enchantement', c'est la méthode da plus ancienne des médicins", declarou ele a Georges Duplain.

Apesar da idade avançada, nem sempre era fácil para Jung ceder à sua necessidade de repouso e aceitar a redução do trabalho ou até mesmo ficar inativo. Isso não tinha nada a ver com a atividade agitada; ninguém era menos agitado do que Jung. O que o impedia era o seu senso de responsabilidade diante dos momentos do tempo. Prestar contas ao tempo era para ele mais do que um desejo; tratava-se de uma exigência séria e incontornável; como consequência disso, era muito pontual. Encontros e convites eram cumpridos por ele minuciosamente; jamais deixou alguém esperando.

O que preenchia de modo mais intenso o tempo de Jung era o trabalho de pesquisador e de médico; eram, porém, sempre apenas *prima inter pares* no conjunto das outras atividades vividas significativamente. Cada trabalho no campo ou no jardim, as viagens, os passeios de carro, velejar, talhar pedra, pintar, fantasiar, cozinhar, brincar e conversar com os outros, entre outras coisas mais, eram válidas e essenciais ao seu tempo. Quando visitei Jung pela primeira vez depois de grave enfermidade, encontrei-o deitado num sofá na varanda aberta para o jardim. Ao seu lado, ao alcance da mão, estavam amontoadas espigas de milho maduro. Debulhava-as com cuidado e habilidade, pondo os grãos dentro de uma grande tigela de barro. Para ele, o desperdício e a inatividade eram sempre um pesadelo, apesar de também fazerem parte do todo.

Jung era um bom cidadão suíço. Só a doença podia impedi-lo de exercer o direito de votar, mesmo em idade avançada, e todo suíço sabe quanta responsabilidade e consciência de dever há nisso. Quando não se sentia suficientemente convencido quanto aos candidatos, chamava Hermann Müller, seu jardineiro-motorista há muitos anos, e incumbia-o de rebuscar e trazer-lhe os jornais que contivessem informações. Disso resultava frequentemente uma conversa sobre política entre eles. Jung era do partido liberal. Permito-me observar, de passagem, que ele apoiava o sufrágio feminino. Jung lia atentamente o *Neue Zürcher Zeitung*, para variar, também o *Zürichsee-Zeitung*. Em dias de crises políticas, chegavam à sua casa jornais e revistas estrangeiros, especialmente o *Listener* inglês, a *National Geographic Magazine* americana e também o *Atlantic Monthly*, que satisfaziam as suas necessidades de informações, inclusive sobre a política.

Quando ainda moço, Jung montara uma coleção de gravuras em cobre, tendo sido a sua maior parte adquirida em Paris, nos *bouquinistes*, no tempo em que trabalhava sob a direção de Pierre Janet, na Salpétrière. Mais tarde, acrescentou uma considerável coleção de miniaturas plásticas orientais e, finalmente, a importante coleção de livros sobre alquimia. A todos esses objetos, que enriqueceram a sua vida e a sua casa, dedicava o seu amor, o seu zelo e os seus cuidados. Sentia-se igualmente responsável pelos objetos de uso diário, como os cachimbos, os lápis, as canetas, os tubos de cola e os papéis. Era parte das minhas incumbências juntar as páginas em branco das cartas que ele recebia e colocá-las em maços na sua escrivaninha. Aproveitava-as para fazer anotações nos manuscritos que costumava escrever em folhas grandes. Escrevia nessas páginas juntadas, recortava com uma tesoura grande e colava na margem deixada livre. Nenhum bloco de papel novo teria substituído essas páginas em branco das cartas, porque nada devia ser desperdiçado. Tratava-se possivelmente de efeitos posteriores das experiências da infância e da juventude: na paróquia do seu pai vivia-se sob uma severa economia. Quando estudante, Jung precisava obter dinheiro – pelo menos parte dele – com a venda de antiguidades que pertenciam a uma parenta. Jung sabia o que significava ser pobre.

Havia, no entanto, mais outra coisa: para Jung, os objetos tinham um significado em si mesmos, por isso precisavam ser tratados com muito cuidado. "As coisas se vingam!", foi o que me atirou no rosto certa vez, quando – não me lembro mais o que foi – cometi um esquecimento ou um erro. Os objetos fazem parte da vida, da proximidade do homem, cuja atmosfera ajudam a compor. Por isso exigem atenção, cuidado e amor. Para Jung eles tinham ainda mais valor, porque ele era um pensador intuitivo, e a realidade do mundo das coisas sempre foi e será um fascínio para o intuitivo. Na sua proximidade, com frequência as coisas faziam das suas, de modo especial. Às vezes pareciam como que enfeitiçadas e se escondiam. Tal fato não era um milagre na casa grande onde morava, mas para Jung o era: "A tabaqueira foi novamente 'embora por milagre'", queixava-se ele, usando gostosamente essa expressão cunhada por um esquizofrênico. Chegamos a combinar, eu e ele, que só em casos urgentes procuraríamos os objetos que tinham ido "embora por milagre". Além disso, era quase sempre vã e pura perda de tempo e podia-se ainda ter por certo que, um belo dia – às vezes até pouco depois – eles simplesmente estavam à vista, sem que nada tivesse ocorrido. Jamais se perdeu alguma coisa.

Para quem dedica tanto cuidado e atenção aos objetos, como Jung, eles começam a viver. Começam a falar e comunicar coisas que permanecem ocultas para os outros. Nem sempre os objetos são matéria morta; às vezes, parecem participar do jogo da vida e refletir o ânimo e os pensamentos do homem. Por isso, os poetas e as velhas lendas falam de anéis e de espelhos partidos, do verme da fruta, do relógio parado e de muitas outras ocorrências que expressam algo de significativo ao homem simples.

Também Jung presenciava o mundo grande e o pequeno, o interior e o exterior, em maravilhosas e profundas associações. Quem registraria como fato significativo um peixe morto levado à margem pela correnteza, um inseto que se debate contra a janela, um fogo que se extingue ou a formação de uma nuvem? Quem costuma notar isso?

Numa carta, escrita em maio de 1957, escreveu ele: "'Deveis tornar-vos novamente amigo das coisas mais próximas', dizia Nietzsche. Contudo, não o fez. Embriagado pelas próprias palavras, ele foi arrebatado pelo grande vento. Até as coisas nos respondem, em virtude do seu sentido inerente, do mesmo modo como nos dirigimos a elas. Elas são sociáveis e nos fazem carinhosa companhia nas horas e dias de solidão".

Na sua observação do mundo interior e exterior, Jung tinha uma atitude inteiramente ingênua, cheia de desenvoltura e sem preconceitos. A observação faz parte do mundo da sensação, que deve ser considerada sua "função inferior", porque a intuição e o raciocínio são altamente diferenciados. Devido à sua proximidade com o inconsciente, a função inferior tem o acesso oculto à criatividade: o arcaico motivo do bobo, que consegue matar o dragão, pegar o tesouro e casar-se com a princesa. No entanto, a criatividade só tem vida quando o consciente se une ao subconsciente, razão pela qual, nos contos de fadas, muitas vezes é o velho rei (o consciente que domina) que estabelece as condições e concede a recompensa.

Como pensador transcendente e pesquisador, Jung criava novas e diferenciadas classificações para tudo o que contemplasse com ingenuidade. A vivência subjetiva, a intuição e a observação não permaneciam tais quais eram; só depois de pensadas até os limites do possível e compreendidas em suas relações e fundamentos é que o impulso criativo se realizava. Dessa maneira, também a observação do objeto e da sua "atitude" estranha passou a ser o ponto de partida de descobertas científicas. Contribuiu para o estabelecimento de um novo princípio esclarecedor, que complementava o da causalidade, e que se chama sincronicidade.

Na atitude de seguir a torrente da vida, adotada por Jung, a observação meticulosa dos eventos pequenos e grandes e dos interiores e exteriores não se baseava em nenhuma linha reta ou lei indestrutível de ação. Pelo contrário, Jung era altamente inconsequente e tinha ciência disso. Na sua obra, algumas formulações também parecem inconsequentes. Mas como a psique é por natureza equívoca e nem sempre obedece às leis da lógica, essas inconsequências parecem apenas despropositadas; elas correspondem à verdade psíquica melhor do que a inequivoquicidade. Desse modo, constituiu um elogio incomum e enorme para mim, quando Jung me disse, certa vez, com contentamento, que eu teria sido daquela vez maravilhosamente inconsequente. A inconsequência de Jung era para muitos motivo de escândalo, razão para rebaixar a sua obra e evitá-lo como homem. Na verdade, ela era um osso duro de roer, tanto mais que era a sua personalidade forte que determinava o curso das coisas dentro da realidade exterior da vida cotidiana. Os outros o seguiam. Mas quem o seguisse bastante tempo acabava por descobrir regularidades imanentes que unificavam aquilo que, na aparência, era contraditório. Quando eu realizava alguma coisa a seu contento e tratava de fazê-lo do mesmo modo da vez seguinte aos seus olhos isso não era evidentemente correto; certo era somente o que, em cada momento, surgia como novidade e de modo espontâneo. Certa era sempre a verdade do momento, até mesmo no trabalho de cada dia. Quando consegui organizar o meu trabalho de modo tão livre que ele se tornava quase como uma brincadeira séria, cheguei a sentir vivamente que ele se tornava muito mais rico do que quando o fazia segundo esquemas e regras. Não ficava igualmente, como se poderia supor, mais cansativo; cansava menos, porque pressupunha o relaxamento em cada momento.

O estilo de vida de Jung abrangia o caminho e o retorno, a harmonia e a desarmonia, como lógicos e equivalentes. Ele se manifestava com ironia mordaz sobre o "ideal de harmonia" que anda na cabeça de muitos – quase sempre tipos sentimentais –, porque não corresponde à verdade da vida e não é a verdade do homem. A harmonia não pode se sustentar por muito tempo; mais cedo ou mais tarde, chega, de um modo ou outro, a um fim decepcionante e se transforma em desarmonia. Para Jung, era melhor, mais verdadeiro e mais sábio enfocar a possibilidade de desarmonia e – uma vez chegado a ela – não evitá-la, mas tratar de superá-la pelo questionamento honesto seguido pelo silêncio que sabe e compreende. Sobre isso Jung gostava de contar a história da filhinha de uma paciente. Os pais viviam em constante harmonia, jamais turvada; nunca alteavam a voz e a vida decorria num clima de requinte, boa situação e ordem. A menina ficava vez por outra com uns vizinhos, mas, aos poucos, se demorava lá cada vez mais e, finalmente, passou a permanecer dias inteiros. Só após algum tempo soube-se o motivo do estranho comportamento da criança, muito apegada aos pais e aos irmãos: a empregada italiana dos vizinhos, Elvira – explicou ela certa vez à mãe – sabia xingar de maneira tão maravilhosa que em geral ela ficava quase sempre excitada. Esse era o prazer procurado que faltava em casa! A constante harmonia produzia um efeito paralisante na criança ou se tornava simplesmente maçante. Talvez ela também sentisse o que se ocultava por trás da harmonia. Jung tinha uma opinião muito elevada sobre o julgamento espontâneo das crianças e sobre o sentido das suas reações.

O questionamento entre dois homens, no enfoque de Jung, exige a máxima franqueza. Um não pode jogar a culpa no outro, nem deve deixar que o outro lhe tire a "dignidade da sua culpa".

Jung esperava reserva nas manifestações dos sentimentos subjetivos e domínio das emoções apenas no relacionamento coletivo no âmbito de um grupo impessoal. Na coletividade, as emoções são dinamite, conduzem facilmente a disputas sem sentido e dificultam ou tornam impossível a colaboração em questão. Dentro do grupo, o ajustamento sensível – que pode sempre estar de mãos dadas com a autonomia objetiva e a crítica – é a condição prévia para um trabalho fecundo.

Na relação de amizade ou no dia a dia, Jung deixava campo livre às suas emoções, tanto positivas como negativas. Nos anos da sua juventude, sua gargalhada soava como uma fanfarra ao longe. Certa vez apareceu no terraço da Casa Eranos, em Moscia, onde se realizavam os congressos em agosto de cada ano, um homem simpático, já não muito jovem, que os participantes do congresso não conheciam. Pediu desculpas pela sua presença e formulou o seu desejo: queria ver e conhecer o homem que ria tão alto e de maneira tão espontânea, que ele, solitário andarilho da estrada que seguia para Brissago, muito longe acima da casa, se sentira irresistivelmente contagiado. Jung ficou naturalmente entusiasmado e imediatamente envolveu o estranho numa conversa.

Ao lado desse pequeno acontecimento, é bem cabível o que Albert Oeri, conselheiro nacional de Basel, conta nas suas memórias sobre Jung no tempo de estudante: "As bebedeiras de Jung eram raras, mas barulhentas". Ninguém ria com tanto gosto como Jung, ninguém gostava tanto de fazer os outros rirem como ele. Depois da morte da sua esposa, as risadas rarearam e se tornaram mais baixas.

Mas o bom humor e a sociabilidade de Jung não impediam que também agisse de modo diferente; às vezes, o resmungo e a zanga eram a música de acompanhamento de sua vida diária. Jung não passava por cima de nenhuma perfídia e não deixava de lado sequer o erro mais insignificante e, quando começou certa vez a examinar seus erros, estes não acabavam mais. No fundo, o "resmungo" trazia alívio; ele repreendia os mil duendes que estorvavam o labor do homem e que gostariam de comprometer o seu conceito. Nos primeiros tempos de minha função de secretária, sentia-me como que sentada sobre brasas, quando Jung lia as cartas que lhe apresentava para assinar. Cada erro de datilografia era comentado abundantemente – e que satisfação eu sentia quando o seu afã o levava longe demais e ele estava errado! Em pouco tempo aprendi a dar-lhe o troco. Usava a arma que jamais falhava: eu o fazia rir ou pelo menos tentava. No entanto, quando alguma vez desabava mesmo um temporal, essa arma não tinha mais serventia; nesse momento, restava apenas outro recurso: questionar seriamente de que modo eu contribuíra para esse temporal e aceitar as consequências. Apesar da advertência preliminar de Jung no sentido de que eu deixasse desabar sobre mim a sua ira, isso não era nada fácil. Quando conseguia, no dia seguinte eu ia para o trabalho sem mágoa e sem rancor e ninguém ficava mais agradecido do que ele. Na maioria das vezes, nem se falava mais na tempestade; contudo, algumas vezes, bem mais tarde, quando já não se pensava mais nela, ele deixava escapar uma palavra ou acontecia alguma outra coisa inesperada que expressava a sua gratidão. A preciosidade dessas "respostas" fazia com que a importância do passado se diluísse. Mas não era para ser esquecido. As raras vezes em que a tempestade atingiu o grau máximo, Jung me pediu desculpas com verdadeira grandeza.

A impaciência de Jung não se baseava apenas no seu temperamento (astrologicamente, ele era um leão!), mas também numa extrema sensibilidade, que enriquecia a sua vida, embora a dificultasse também. Enriquecia-a pela percepção descomunalmente diferenciada de que já falamos; dificultava-a, porque essa sensibilidade se intrometia também em sua esfera pessoal e nela aparecia como suscetibilidade. Jung era sensível, e essa sensibilidade o tornava muito vulnerável; para ele poder se desenvolver, era necessário poupá-lo. Como costuma ocorrer, as fraquezas que mais lhe custava suportar nos outros eram também as próprias. Assim, certa vez ele ralhou comigo violentamente por causa da minha suscetibilidade e me acusou de disfarçadas tendências autoritárias. A suscetibilidade é sempre exigência e tirania! Pouco depois tive um sonho, no qual me sentia incomodada por um grão de ouro debaixo de sete colchões – uma autêntica princesa sobre a ervilha! Ao contá-lo a Jung, houve logicamente, logo de início, uma grande gargalhada. Depois, no entanto, ele ficou sério e começou a falar de si mesmo e do sofrimento causado pela suscetibilidade, que o torturava desde a infância, e de como dificultava o seu relacionamento e o tornava inseguro e de como se sentia envergonhado, mas também me contou como, com a mesma impressionabilidade, percebia as belezas e reconhecia ou vivia as coisas com as quais os outros sequer sonhavam. É verdade que mais tarde ele ainda sofria com essa sensibilidade, mas não lutava mais contra ela, dando-lhe a manifestação mais natural na alegria, na tristeza e na ira. Essa espontaneidade era a válvula pela qual se libertava para algo mais importante. Na linguagem oriental, dir-se-ia que, por esse meio, ele se tornava interiormente silencioso e "vazio".

Para ser justo com Jung, é preciso que, ao lado da sua impaciência, se veja também a sua paciência. Quanta paciência foi necessária para esperar literalmente décadas até que tivesse realizado tudo quanto estava dentro da sua capacidade e as suas descobertas científicas estivessem suficientemente fundamentadas para serem apresentadas ao mundo! Quanta paciência teve de arranjar para conduzir os seus pacientes ao seu próprio caminho! Quanta paciência com o mundo, o público leitor, os críticos, que sempre, todas as vezes, o interpretavam mal. E, finalmente, quanta paciência consigo mesmo, com o seu demônio criativo, e, não nessa ordem, com o seu corpo que aos poucos lhe negava obediência!

Só o médico ferido sabe curar, diz a antiga sabedoria. A paciência que Jung arrancava de sua impaciência, e que precisava constantemente fazê-lo, impressionava muito e tornou-se um exemplo. O caminho da individuação, que ele ensinava aos seus discípulos, exige de cada um uma boa dose de paciência. Frequentemente, ouvia-se a advertência de Jung: "Tenham paciência, pois o diabo não tem nenhuma!" ou *"In patientia vestra habetis animam vestram!"* (em vossa paciência mora a vossa alma).

Jung era um tipo exclusivamente visual; seu talento auditivo ficava para trás. Apesar do que muitas vezes se afirma, os fatos desmentem que não tenha tido sensibilidade musical. Mas a sua relação com a música era influenciada pela sua sensibilidade e, em diversas oportunidades, até mesmo perturbada. Bach, Händel,

Mozart e as composições pré-mozartianas eram para ele puro prazer. Tinha certa preferência pelos *spirituals* dos negros. No entanto, presenciei uma vez a interrupção do quarteto de cordas em ré menor, de Schubert, que ele quis ouvir no seu novo toca-discos, porque a música o comovia muito. Acompanhar as sonatas de Beethoven era um sofrimento para ele, e os quartetos de cordas provocavam-lhe uma revolução emocional quase insuportável. O toca-discos não era ligado muitas vezes, mas cada vez que uma personalidade artística tocava ao piano de cauda da casa de Küsnacht – a última foi a russa Ania Dorfmann –, ficava impressionada com a autêntica sensibilidade musical de Jung.

O que era pessoal jamais teve papel predominante nas vivências de Jung; o verdadeiro e essencial era sempre o impessoal. Certa vez, numa hora de análise, eu queria falar da relação com os meus pais, fator que costuma ser o núcleo da análise clássica. Jung nem me deixou começar a falar; disse-me que não desperdiçasse o meu tempo! Além disso, ele já reconhecia, ao primeiro olhar, a relação da pessoa com os seus pais.

Isso não quer dizer, naturalmente, que outros pacientes não precisassem lhe relatar, pormenorizadamente, a relação que mantinham com a mãe ou o pai; não havia uma regra. Embora na minha análise o elemento pessoal passasse para segundo plano, sempre era levado em consideração assim que houvesse necessidade. Foi, por exemplo, o caso, quando, nos anos 1930, Jung delegou a mim, uma imigrante, trabalhos menores e maiores para que eu pudesse ganhar alguma coisa, não cobrando honorários pela minha análise.

Jung nunca passou por cima da realidade exterior quando esta se relacionava com o problema do paciente. Ao seu olhar não escapava nenhuma fraqueza física, nenhuma oscilação da saúde, e, nesse caso, surgia nele o clínico que ia, com a mesma meticulosidade e senso de responsabilidade, até a raiz do mal, tanto a partir do lado físico como do psíquico, assim como dos problemas da alma. É escusado dizer que, ao fazer isso, não se intrometia no que era da alçada dos médicos especialistas. Demonstrava o mesmo cuidado no trato dos pequenos assuntos: quando chegava a Bollingen um hóspede cansado e agitado, ele primeiro o acomodava numa espreguiçadeira em frente ao lago, provida dos cobertores necessários, e deixava-o sozinho por uma hora até que se sentisse repousado.

São geralmente os assuntos pessoais que provocam interesse e curiosidade. Espera-se poder penetrar na vida dos grandes homens e descobrir o segredo da sua importância mediante o conhecimento de detalhes exteriores. No livro de memórias de Jung, falta quase completamente a esfera pessoal. Muitos leitores se decepcionaram com isso; sentiram a falta de relatos sobre as relações de Jung com pessoas da sua intimidade. Mas a crítica que fazem e a acusação de "falta de referências" não se coadunam com a natureza de Jung. A sua visão estava dirigida para fatores impessoais e correlações arquetípicas que ele, no entanto, só podia ou queria demonstrar em relação à sua própria vida. Ao usar o direito de silenciar sobre o que era pessoal e ao negar-se a fazer concessões aos desejos públicos, que lhe eram bem familiares, permaneceu autêntico. O seu silêncio protegia as suas relações.

Jung era, simultaneamente, cerimonioso e divertido quando queimávamos cartas na bela estufa antiga, de ladrilhos verdes, que havia na sua biblioteca. Uma ocasião, quando o fogo já estava aceso, ele bateu com a mão direita aberta na parede da estufa, como se tocasse o ombro de um velho amigo e, rindo, observou: "Esta é a minha discrição!".

Jung tinha uma memória fenomenal. Já é bastante admirável que, mais que octogenário, se lembrasse dos sonhos da sua primeira infância e da juventude. Depois que ele os relatou para o livro de memórias, encontramos anotações dos mesmos sonhos feitas aproximadamente quarenta anos antes e que não divergiam em nenhum detalhe; até a redação era quase a mesma. Jung não podia compreender direito por que isso me deixava estupefata. As experiências do mundo interior, explicava-me ele, e sobretudo os sonhos, se teriam gravado de maneira indelével, como que com um buril de aço, em sua memória. Era raro ele contar o mesmo sonho com diferentes versões. Era também extraordinária a sua memória para fatos objetivos e pensamentos, datas, e coisas lidas e ouvidas; isso constituía um pressuposto para a abundância incomum de conhecimentos que possuía. Mas quando se tratava de coisas pessoais, a memória falhava e, nisso, Jung se parecia muitas vezes com o proverbial "professor distraído" e ficava confuso diante de exortações do tipo: "Mas eu não disse?" ou "Mas isso não foi combinado?" e outras. Por isso, tudo que era necessário era cuidadosamente anotado. Graças a Deus, a memória não lhe pesava devido a coisas pessoais, costumava constatar ele com alívio. Esquecia-se também, de imediato, das tão conhecidas complicações do sentimento e da transmissão, típicas de cada análise, o que trazia consequências positivas e terapêuticas para ele e para o paciente. Nessas ocasiões, era sempre a verdade do momento presente – negativa e positiva – que triunfava, e, desses momentos autênticos, cristalizava-se finalmente a verdade do todo.

Eram um enorme prazer os congressos de Eranos passados com Jung, em Moscia, perto de Ascona, à beira do lago Maggiore. Os discípulos e pacientes vinham quase todos – éramos, naquela época, cerca de uma dúzia, com predominância de mulheres. Pouco nos importava que, devido ao nosso séquito, ficássemos com o epíteto de "as virgens" e, em outras oportunidades, com o de "as mênades". A nossa reputação era o preço que pagávamos de bom grado; valia a pena. Tínhamos pouca oportunidade para falar com Jung fora da hora da análise, mas ali formava-se uma espécie de comunidade durante o congresso, que durava dez dias e se baseava na vivência coletiva das conferências. Jung era possuidor de uma maravilhosa generosidade espiritual e podíamos fazer tantas perguntas quantas quiséssemos. O salão de conferências da Casa Eranos dava para um terraço separado do jardim e do lago por um muro baixo. No intervalo de meia hora entre as conferências e também depois destas, Jung sentava-se nesse muro e, num instante, nós o cercávamos e nos pendurávamos nele como uvas no cacho, o que dificultava bastante a circulação no terraço, para desgosto dos outros participantes do congresso. Para nós, no entanto, começava um interrogatório que se constituía no mais puro prazer. Jung alegrava-se também de modo visível com as nossas conversas, cuja maior parte corria naturalmente por conta dele. Cada pergunta, por mais curta ou simples que fosse, recebia uma resposta, que, como uma espiral, girava em volta do tema e, em curvas cada vez mais amplas, levava ao sentido da profundidade. As "sessões da mureta" eram momentos inesquecíveis e culminantes do verão. Recebiam uma nota especial, quando a elas se juntava Erich Neumann, de Tel Aviv, porque, a partir daí, convertiam-se em discursos e réplicas, coisa diferente do nosso interrogatório. Nós escutávamos.

Nos primeiros anos, Jung residia na Casa Semíramis, no alto do monte Verità. Mais tarde, quando o caminho para Moscia tornou-se penoso para ele, a organizadora do congresso, senhora Olga Fröbe-Kapteyn, pôs à disposição dele e de sua esposa o pequeno apartamento em cima do salão de conferências da Casa Eranos. Olga Fröbe morava na Casa Gabriella, situada no mesmo terreno, à beira do lago. A partir de então ocorria frequentemente que Jung nos convidava a ir ao apartamento, ou porque, na mureta, não tinha sido possível falar de tudo até o fim, ou porque nos queria comunicar ideias que, nesse meio-tempo, lhe passavam pela cabeça. Tais ideias estavam quase sempre relacionadas com as conferências ou com uma das conversas da mesa-redonda, que reunia todos os dias os conferencistas ao ar livre em frente da Casa Gabriella.

Certa vez – já devem ter se passado, desde então, umas duas décadas – realizou-se, no terraço de Eranos, uma festa noturna que é lembrada até hoje como a lenda de "Nekyia". Foi extremamente divertida e barulhenta e, embora não houvesse música para dançar, os seus ecos iam longe, para além do lago. A vizinhança próxima e a mais distante enviava à senhora Fröbe mensageiros para reclamar da inusitada perturbação noturna, o que de nada adiantava. Jung e os outros estavam levemente "tocados". Ele estava muito satisfeito com isso e estimulava os demasiadamente sóbrios a prestar as devidas honras a Dionísio. Ora estava de um lado, ora de outro e por toda parte, fazendo gracejos, ironias com o espírito ébrio. Só um poeta seria capaz de descrever a colorida a altissonante "viagem marítima noturna", a única festa jamais havida em Eranos. Não chega a tanto a minha capacidade. Foi, aliás, naquela noite que surgiu o epíteto de "mênades" que nos distinguia.

Jung era apaixonado por viagens. Terras estrangeiras e seus habitantes tinham grandes atrativos para ele. No seu livro de memórias ele relata as suas viagens à África, à Índia e aos Estados Unidos. Apoiava também, tanto quanto possível, as viagens pretendidas por seus discípulos. Certa vez eu tinha planejado realizar uma viagem pelo Mediterrâneo, que deveria levar-me à Tunísia e à Algéria e, finalmente, ao verdadeiro objetivo, o Saara. Jung ficou inteiramente entusiasmado e ajudou-me a desfazer as preocupações e receios; umas duas semanas antes de partir, tive um pesadelo: estava numa região montanhosa da África. De repente, houve um surdo trovejar; a terra tremia e me jogava ladeira abaixo. Com incrível velocidade, deslizei para as profundezas, mas sem que nada me acontecesse. Depois a terra voltou a acalmar-se. Naturalmente assustei-me muito. Já que eu tinha consciência de ser medrosa, o inconsciente não precisava mostrar-me isso uma vez mais; o que significaria então o sonho? Ao contar o sonho a amigos – psicólogos ou não –, eles aconselharam-me insistentemente a desistir da viagem; diziam que era preciso obedecer ao inconsciente e levar a sério a advertência que me fazia. Jung agiu de modo inteiramente diferente: nem pensar em abrir mão do meu plano! Era lógico que eu teria de viajar e aceitar também o risco. O inconsciente era a natureza e, como tal, tanto poderia ajudar como destruir o homem. O que importava era o consciente, que precisava tentar opor-se à natureza, reconhecê-la e transformá-la, e esse era o risco.

Foi uma viagem maravilhosa. Já nem me lembrava mais do sonho até o momento que chegou até nós a notícia do terremoto que ocorreu em Agadir. O nosso safári estava muito distante dessa região, mas a notícia da catástrofe nos abalou muito.

Bem poucas pessoas se interessam realmente pelo relato das viagens dos amigos. Na época posterior às férias, o tema das fotos incontáveis e dos cartões-postais é muito popular nos jornais humorísticos. Jung era uma exceção. Com intensa atenção, acompanhou o meu relato, examinando cada foto meticulosamente, e não raras vezes evocava as suas próprias memórias ou associações de ideias. Desse modo, pela conversa, vivia-se mais uma vez a viagem e descobria-se ainda aqui e acolá detalhes que antes não tinham sido notados.

Jung era um maravilhoso narrador e era grande o prazer de ouvi-lo quando contava as experiências de suas viagens. Em idade avançada, era muito importante para ele fazer pequenas e grandes excursões através da Suíça, acompanhado por seu amigo americano, Fowler McCormick, que o levava no seu carro, na companhia de uma velha amiga da família, Ruth Bailey, que administrava a casa após a morte da senhora Emma Jung. Os lugares pré-históricos e de cultura romana e românica eram os destinos preferidos dessas viagens, e a boa cozinha das hospedarias rústicas onde descansava era muito apreciada. Nos tempos da juventude, quando ainda viajava de bicicleta para a Itália, Jung se detinha de preferência nas estalagens diante das quais estacionavam os caminhões. Ele calculava que os motoristas de caminhão gostavam de comer bem e sabiam qual dos taberneiros tinha algo de bom para pôr na mesa!

De volta das suas excursões, Jung costumava adiar o nosso trabalho e, inteiramente à vontade, contar com pormenores o que tinha vivido e visto. A sua alegria posterior, o seu vivo interesse por cada detalhe e a sua memória patenteavam a sua inquebrantável afirmação da vida.

Jung falava geralmente o dialeto alemão de Basel, que, aos meus ouvidos afeitos ao alemão clássico, soava como uma música carinhosamente divertida. Ele ficava contente quando encontrava quem falasse esse dialeto tão bem quanto ele, com todas as expressões que hoje já não são mais usadas. Nessa oportunidade, estabelecia-se uma troca de correspondências no genuíno dialeto de Basel, como ocorreu com o professor Rudolf Bernoulli. Entre nós, falávamos em alemão clássico. Havia uma acentuada afinidade com a língua inglesa, que ele dominava de maneira excelente e da qual gostava muito. Como a obra de Jung encontrou um grande eco nos Estados Unidos e na Inglaterra, a nossa correspondência em inglês era, no mínimo, tão volumosa quanto a em língua alemã. À linguagem de cada dia – em dialeto ou em alemão clássico – ele gostava de acrescentar palavras inglesas. Ao seu rico conhecimento do francês faltava apenas a afinidade que o ligava ao inglês. Lia fluentemente textos latinos e gregos, mas em relação a eles recorria à ajuda, especialmente quando se tratava de traduções destinadas à publicação. Antes da sua grande viagem à África, aprendeu o suaíle, o que lhe foi de muito proveito na comunicação com os nativos do Quênia e de Uganda. Faltava-lhe o conhecimento do hebraico, fato que ele lamentava muito, sobretudo desde que se deparou com os textos da mística judaica, que, segundo o seu costume, preferiria ler no original. Mas então pareceu-lhe demasiado tarde para iniciar o estudo de mais uma língua, pois já estava na oitava década de vida. Do árabe possuía apenas alguns conhecimentos preliminares, adquiridos provavelmente na juventude no contato com o pai, o pastor Paul Jung, que não era formado em teologia, mas em cultura árabe.

Um relacionamento muito afetuoso ligava Jung a seus filhos e netos. Após a morte da sua esposa, as suas quatro filhas e a nora revezavam-se – cada uma sendo centro de uma numerosa família própria – para passar algum tempo em sua casa e fazer-lhe companhia. Em épocas anteriores, o filho, que mora hoje na casa de Küsnacht, era o seu maior companheiro nos passeios de veleiro, e até o último momento formavam um par bem afinado na vida rústica de Bollingen.

Quando entrei pela primeira vez no escritório da casa de Küsnacht – situado no térreo, entre a cozinha e o amplo e belo refeitório, cuja janela dava para o jardim e o lago –, estava muitíssimo curiosa quanto ao que ia acontecer. Como Jung me dera autorização para ler as cópias das suas cartas, o tempo passou rapidamente. Às dez horas Jung apareceu e foi essa a hora a partir da qual começou o nosso trabalho diário. Eu já ouvia os passos lentos e um tanto arrastados quando ele atravessava o vestíbulo. Confesso que a aproximação do velho feiticeiro nunca perdeu o efeito excitante em todos esses anos, e com o meu ouvido interior ainda hoje o escuto.

Nesse primeiro dia, eu tinha duas coisas para fazer. Devido à grave doença da senhora Emma Jung, a atmosfera da casa era de depressão e comoveu-me muito o fato de que, naquele momento, Jung se encarregasse da função de pai de família. Uma nova cozinheira acabara de ser contratada e ele ditou os cardápios do almoço e do jantar para cada dia da semana. Em seguida, subimos para a biblioteca. Jung tirou uma pequena chave do bolso, abriu uma estreita caixa-forte embutida na parede, chamada por ele o seu "cache", e tirou dela os quatro pedaços da faca que outrora se partiu com um grande estalo, quando ele, ainda estudante, começou suas experiências ocultistas. Sobre isso ele faz um relato no seu livro de memórias. Jung pediu-me que montasse os quatro pedaços, formando uma peça inteira, e, com isso, eu estava dispensada por aquele dia.

A correspondência de Jung era imensamente volumosa e, por essa razão, representava com frequência um motivo para queixas e resmungos. Era evidente que as cartas o cansavam. Ocupavam, no entanto, lugar importante na sua vida. Quando a sua energia não fluía mais para a criação de obras científicas, as cartas ocupavam o lugar dos manuscritos e se tornaram o recipiente das suas ideias criativas. Aconteceu assim que o seu número aumentava constantemente à medida que a sua idade avançava. Mas antes de tudo elas representavam uma ponte com o mundo e isso reconciliava o homem introvertido e retirado com o cansaço e o trabalho que elas lhe davam. Ele reconhecia que necessitava das cartas e quando, durante as férias, eu não lhe enviava toda a correspondência – por falsa consideração –, recebia a merecida repreensão. As cartas continham com frequência perguntas ou observações sobre os seus escritos e, desse modo, traziam o eco que a sua obra produzia e de que ele necessitava tanto quanto qualquer homem criativo. É verdade que se deviam contar com os mal-entendidos e que nem sempre as reações expressavam concordância, mas não deixavam de ser testemunho de que a sua voz era ouvida e a sua obra lida e discutida.

Jung talvez tivesse mais necessidade da repercussão do mundo do que os outros, porque, apesar da sua fama, ele continuava a ser um *outsider* para a ciência, o que não lhe proporcionava pouco sofrimento. No fundo, compreendia essa posição e a afirmava, porque sabia o quanto as suas ideias exigiam dos homens do seu tempo. "Eu sabia que os homens iriam reagir negativamente por ser difícil aceitar a compensação do mundo consciente", diz ele em seu livro de memórias. Cada sucesso o espantava, por mais que se alegrasse e se aborrecesse com as críticas e comentários insensatos. Ser compreendido e aceito pelo mundo continuou sendo sempre o seu desejo e a sua atração. Jamais, salvo em caso de fraqueza física, Jung foi capaz de resistir a um jornalista que lhe pedisse uma entrevista. É verdade que a cada vez havia antes um longo período de indecisão, mas no final cada um ou quase todos eles obtinham a sua entrevista. Naturalmente, não podia deixar de ocorrer que Jung ficasse decepcionado ou zangado com um ou outro resultado dessas entrevistas, sobretudo quando eram publicadas sem lhe serem apresentadas antes. Ele nunca percebia claramente que a sua linguagem e o seu modo de pensar não eram facilmente compreensíveis pelos que estavam fora e que a força impressionante da sua fala, a sua voz e os seus gestos, o efeito da sua personalidade total iludiam o ouvinte; este acreditava estar compreendendo o que, na realidade, continuava obscuro para ele.

Maior então era a sua alegria e gratidão com relação às entrevistas bem-sucedidas, entre as quais se incluem as de Mircea Eliade, Georges Duplain, Georg Gerster, Gordon Young, Ernest O. Hauser, John Freeman e outros.

Jung nunca escrevia pessoalmente, ou só raras vezes o fazia, mas seguindo o seu senso de responsabilidade, respondia, naqueles anos posteriores, a quase todas as cartas que lhe chegavam do mundo inteiro; somente para as cartas privadas adotava outras normas. Era característico da sua correspondência o fato de que grande parte dela – senão a maior – era com pessoas desconhecidas. Eram minoria as cartas destinadas às pessoas conhecidas ou famosas. Jung não deixava de responder à pergunta de uma mulher desconhecida ou de um homem simples, de explicar a uma jovem alguma coisa não entendida ou de aconselhar um prisioneiro. A um americano que se apresentara como *just a little fellow, 58 years old and employed as a packer,* ele respondeu do melhor modo possível à pergunta sobre o que pensava a respeito da reencarnação. Alegrava-se ao descobrir que suas ideias penetravam nas camadas populares. Que "o homem do povo" o compreendesse melhor do que os intelectuais era, na verdade, um exagero de Jung, mas ele contava, com muito gosto, o encontro que teve com uma mulher simples, que queria vê-lo a todo custo. Ela possuía um quiosque num vilarejo suíço em sociedade com o irmão. À pergunta de Jung sobre se ela teria lido os seus livros, a mulher respondeu afirmativamente, dizendo-lhe que eles nem mais livros eram, mas pão. Ou então a história de um pequeno vendedor ambulante judeu que tocou a sineta da porta para falar pessoalmente com o senhor professor e que depois o examinou com os seus grandes olhos escuros e perguntou se ele era o homem que havia escrito sobre as coisas maravilhosas de outro modo incompreensíveis. Ou ainda uma abadessa da Alsácia que lia com as suas freiras a obra *Antwort auf Hiob*, de sua autoria, fato que lhe dava uma alegria toda especial.

Jung recebia, naturalmente, tal como todos os psiquiatras e psicoterapeutas, uma série de cartas de pessoas perturbadas ou doentes mentais, impossíveis de responder. Mas entre elas havia às vezes também algumas que mereciam uma consideração especial. Havia, por exemplo, as cartas de uma senhora solteira, de cerca de 70 anos, cujo sobrenome pertencia a uma tradicional família suíça. Jung a vira uma única vez alguns anos antes e, nessa oportunidade, já constatara uma esquizofrenia de velhice. Ela lhe escrevia cada dois ou três dias e às vezes também diariamente. Para isso, usava pequenas folhas pautadas, de papel barato e envelopes dos mais modestos, de um cinza-esverdeado. A sua letra clara, reta e infantil parecia impressa. O conteúdo das suas cartas era sempre o mesmo: desenhava o hexagrama do *I Ching* que tinha jogado; usava o velho oráculo chinês todos os dias e juntava um curto comentário, relacionando o hexagrama consigo mesma, com Jung e com a política mundial. O tempo, naturalmente, nunca chegava para ler todas as suas cartas. Jung jamais as olhava, ou só raramente o fazia. Insistia, porém, para que fossem guardadas, e assim, com o passar dos anos, elas quase encheram a espaçosa gaveta de um belo armário de mogno. A partir de certo dia, as cartas não chegaram mais e pouco depois li no jornal a notícia do falecimento da velha senhora. Em seguida, abri a última carta enviada que fora para a gaveta e vi emocionada o hexagrama nº 11, "a paz". À guisa de comentário, ela havia juntado uma única frase, a sua profunda admiração pelo fato de, em tempos de necessidade e sofrimento, ser possível o *I Ching* ter respondido com um sinal tão consolador. Jung ficou menos impressionado do que eu diante da resposta do *I Ching*; admirava essas ocorrências e relações, porém não mais do que a natureza. Entendo agora por que ele guardou essas cartas em nossa casa: tratava-se de um gesto simbólico. Não sabemos quais são os efeitos quando um homem aceita o espírito do outro, mesmo que seja por meio de um símbolo. Já era bastante surpreendente que a velha dama solitária fosse capaz de manter-se sem precisar ser internada numa clínica. Mesmo depois da sua morte, as cartas continuaram intocadas na gaveta.

A partir de 1955 só foram elaboradas obras científicas menores: o escrito sobre os discos voadores, um breve artigo sobre a esquizofrenia, "Gegenwart und Zukunft" (Presente e futuro), um artigo sobre a consciência e, finalmente, uma apresentação concentrada das principais ideias de sua obra, destinada à Editora Aldus, de Londres. Jung escreveu esse artigo em inglês a fim de – conforme explicou – forçar-se à máxima simplicidade. Só o concluiu poucas semanas antes da sua morte. Em 1957 começou finalmente o nosso trabalho em comum, no seu livro de memórias, sobre cujo começo fiz um relato no início desta obra. Custava-lhe muito esforço abrir-se para o mundo e comunicar-se sem reserva tal como exigia o seu senso de responsabilidade; e, quando chamou as suas reflexões autobiográficas de "purgatório", havia nisso uma amarga seriedade. Diante do seu sofrimento evidente, propus-lhe um dia parar com as nossas conversas a respeito disso e satisfazer-me com o que até então tinha sido feito, o que já chegava para formar um considerável volume. Jung, no entanto, não pensava em parar ou desistir. Retrucou que, inevitavelmente, iriam escrever sobre ele e, nesse caso, ele queria "meter a sua colher", fazer a sua parte em prol da verdade. Ele tinha necessidade de ser compreendido e estava ciente da dificuldade que ele e a sua obra apresentavam à compreensão do mundo. Contrariamente aos seus costumes, Jung jamais se manifestou positiva nem negativamente sobre os capítulos que tinham sido elaborados no correr dos meses.

Quando escrevia, Jung como que se trancava dentro de um casulo invisível. Nada podia desviá-lo ou distrair a sua concentração. Era também uma lei suprema não dirigir-lhe a palavra, em nenhuma circunstância, enquanto ele escrevia. Ocorria frequentemente de eu estar ocupada na biblioteca, quando ele se sentava à escrivaninha. Ele não ficava nem um pouco perturbado, quando eu subia e descia a escada dos armários de livros e fazia os trabalhos bibliotecários habituais. Naturalmente eu o observava e via como preenchia calmamente e quase sem parar, página após página, com a sua letra bela e clara. Raramente interrompia o fluxo; levantava então a cabeça, mas não olhava pela janela e nunca o seu olhar era fixo, mas vago, interiorizado. De vez em quando formulava, à meia-voz, uma frase ou articulava algumas palavras.

Quando acontecia de a caneta não ter mais tinta, eu era chamada e todas as vezes ouvia a mesma queixa de que agora não se podia mais encher as canetas com a ajuda de uma pequena pipeta de vidro, munida de um pequeno capuz de borracha; assim, as canetas se mantinham limpas, ao passo que as modernas precisavam ser mergulhadas na tinta e ficavam sujas. Guardo hoje, como uma preciosidade, a caneta tantas vezes desprezada.

Quando ainda moço, Jung já havia se acostumado a dar cópias dos seus manuscritos, batidas à máquina, aos seus alunos para que as lessem. Cada crítica, cada proposta de modificação, abreviação ou complementação, era examinada meticulosamente e quase sempre também levada em conta. Jung, porém, nunca reagia com tanta dureza à incompreensão e à estupidez como nesse assunto – nesse era preciso estar à altura da confiança!

Desde 1917, o editor Max Rascher cuidava da obra de Jung. Após separar-se de Freud, Jung teve de abrir mão do editor que tinham tido em comum, Franz Deuticke, de Leipzig. O fato de Rascher nunca ter desanimado, nos anos em que a imprensa dava pouca atenção à obra de Jung ou até a atacava, fundamentou uma relação de confiança. Durante o período da guerra (1944), ele ousou publicar um livro tão difícil e caro, devido aos seus clichês, como *Psicologia e Alquimia,* que, no entanto, obteve uma repercussão inesperadamente grande. Jung apreciava muito a reserva de Rascher, que soube mantê-lo distante de questões que o teriam cansado.

Para trabalhar, tínhamos vários lugares; se Jung queria trabalhar na biblioteca, chamava-me com dois toques de sineta. Quando eu chegava lá, ele já estava sentado na sua cadeira fumando o seu cachimbo matinal, ao lado da grande janela que servia também de porta e que se abria para o balcão estreito na direção sul. Eu tinha de ocupar o lugar na cadeira das visitas à sua frente. Jung fumava um cachimbo-d'água. Separar repetidamente, de tempos em tempos, a cabeça do cachimbo do seu cabo, enfiar o cabo com a sua pequena ponta metálica num pote de água, já preparado, encher a cabeça do cachimbo de tabaco, ajeitar o tabaco, amassando-o e batendo-o com um pequeno prego de prata de ponta achatada, acendendo-o repetidamente com o isqueiro (que nem sempre estava funcionando) ou com um fósforo, todos esses eram gestos típicos de Jung que acompanhavam o seu trabalho e muitas de suas conversas. Ele fumava de preferência tabaco da firma Granger. Um amigo mandava-lhe regularmente as vistosas latas azul-marinho desse tabaco de Nova York. De tempos em tempos, Jung preparava a sua própria mistura, ato cerimonioso a que eu tinha de assistir. A mistura era guardada numa lata de bronze escura que, por razões inescrutáveis, atendia pelo nome de Habacuque.

Jung não era fumante de cigarros, mas após o almoço permitia-se fumar, com prazer, um charuto do Brasil, que oferecia também aos amigos. Eu tinha também de cuidar para que não acabasse o estoque de cigarrilhas com o nome de "Grüner Heinrich", encomendando-as em Menziken, no cantão Aargau. Eventualmente fumava um Brissago ou um charuto exótico, escuro e esquisitamente retorcido, cujo nome lamentavelmente nunca cheguei a saber. Fumar fazia parte dos prazeres de cada dia. "Um pouquinho de tabaco ajuda-me na concentração e contribui para a paz da alma", justificou-se ele, certa ocasião, diante do médico.

Mas voltemos aos locais de trabalho; quando o tempo estava bonito e quente, íamos para o jardim. Com a assistência de Müller, eram trazidas duas cadeiras de vime e uma mesa de jardim para nós. No verão, Jung usava um chapéu de palha indígena, de abas largas, para se proteger dos raios solares. Nesse lugar só havia uma perturbação: o ruído ensurdecedor das esquadrilhas de aviões que, eventualmente, passavam como uma tempestade vinda de Dübendorf sobre o lago e desapareciam por trás do Albis. Mas isso rapidamente passava e, em seguida, a quietude era ainda mais perceptível. Ficávamos quase sempre sentados na parte superior do jardim, perto da casa. Grandes campânulas azuis, com o bonito nome de *Morning Glory*, e trepadeiras na parede de leste abriam-se ao Sol; um melro abria as suas asas em toda a largura no gramado ensolarado ou banhava-se nas águas pluviais no fundo de uma jarra de pedra de um alto pedestal. Depois chuviscavam do bocal minúsculas gotas, como se fosse um gracioso chafariz, enquanto o pássaro permanecia oculto. A parte do jardim que margeava o lago fora deixada no seu estado natural; era uma densa sebe de canavial que abrigava os ninhos de cisnes, patos e mergulhões, que eram observados com atenção e carinho.

Quando Jung não se sentia bastante forte para descer ao jardim, trabalhávamos num grande terraço ao ar livre do primeiro andar da casa. Como Jung era sensível às correntes de ar, o local tinha de ser previamente protegido do vento. Para isso, largas e pesadas telas de linho grosso era fixadas por meio de grampos de roupa ou alfinetes de segurança num arame esticado, um negócio bastante complicado, para o qual eu não era muito jeitosa; nem com a direção de Jung conseguia executá-lo melhor. Mas no fim estava tudo pronto a seu contento e o trabalho podia começar.

Ainda sentávamos nesse terraço, Jung e eu, pouco antes da sua morte, depois que um ataque de apoplexia já lhe tornara o falar infinitamente penoso. No entanto, mesmo assim, ele permitia que lhe falassem a respeito do mundo, das cartas, das pessoas, dos telefonemas, dando breves indicações para respostas e sugerindo ideias.

Jung aguardava que eu lesse para ele as cartas cujos envelopes não eram marcados com a palavra "pessoal". Quase sempre, após ditar, trocava algumas palavras comigo sobre o conteúdo da carta e sua resposta; às vezes, nesse momento, surgia uma conversa. Aconteceu certa vez uma coisa singular: Jung interrompeu o ditado de uma carta sem maior importância e começou a falar. Mal disse as primeiras palavras e foi como se uma cortina tivesse sido retirada do mundo, como se todo o tecido do mundo tivesse ficado transparente e todos os acontecimentos se tornassem necessariamente compreensíveis, estabelecendo relações entre as esferas mais distantes. Não sei explicar de outro modo; eu estava participando de um instante de iluminação. Fiquei imóvel, ouvindo, e esqueci-me de fazer as habituais anotações. Quando quis reparar isso no trem de Küsnacht para Stadelhofen, constatei, com grande susto, que eu não era capaz. Nada se deixou evocar pela memória. Decidi assim, muito envergonhada, pedir, no outro dia, que Jung formulasse mais uma vez as ideias. Mas, no dia seguinte, ele me recebeu com as palavras: "Que foi que contei ontem?". Ele também não conseguia mais se lembrar de nada; a luz se extinguira novamente. Conquanto me afligisse muito com isso, Jung permaneceu totalmente sereno. "Ainda não é chegado o tempo", explicou ele.

Após o nosso trabalho matinal, Jung passeava um pouco pelo jardim, quando o tempo era sofrível, ou mergulhava na leitura do jornal. À noitinha, após as nossas conversas sobre as suas memórias ou as horas de análise, eu o ajudava nos preparativos para a sua hora de repouso: enfiava uma cadeira por baixo das suas pernas e punha uma mesinha com os baralhos sobre os seus joelhos. Jung gostava de fazer paciências. Não desprezava, de vez em quando, em caso de necessidade, "ajudar" um pouquinho a sorte com a troca de cartas. Afinal de contas, o jogo precisava ser solucionado! Não o perturbava nem um pouco o desgosto dos outros ao descobrirem essa manobra imperdoável; talvez até lhe aumentasse o sabor do prazer.

Para o seu repouso contribuía também a leitura de romances policiais, que estavam espalhados por toda parte, havendo pilhas deles no andar de cima. Jung gostava especialmente dos *thrillers* ingleses, mas o seu autor preferido era Simenon. Quando a ilustração da capa era demasiado ousada, eu precisava pôr uma sobrecapa decente no livro para que não atraísse as atenções quando ficasse em cima da mesa de pedra da biblioteca. Para Jung, o detetive era uma versão moderna do *Mercurius* da alquimia, que solucionava todos os enigmas; e ele se divertia com as suas atividades heroicas. Lia também ficção científica.

No inverno, havia necessidade de Jung estar bem agasalhado, pois ele não gostava que se aquecessem demais as estufas. Em dias muito frios, ele usava um roupão forrado de pele que dava à sua figura um volume simplesmente gigantesco. Acrescentando--se a isso o pequeno boné escuro por cima do cabelo branco, ali estava, em carne e osso, a figura do bondoso, severo, sábio e poderoso ancião dos contos de fadas de todos os tempos.

Pela manhã, Jung trabalhava, e à tardinha, quase sempre por volta das cinco horas, recebia visitas, que se demoravam uma ou duas horas. Só muito excepcionalmente recebia pacientes. Com uma divisão muito regular, seu tempo era preenchido e utilizado da melhor maneira possível. Nos últimos anos, Jung costumava passar três semanas em Küsnacht e uma semana em Bollingen. Esse ritmo o cansava menos e era agradável. A isso acrescenta-vam-se períodos de férias mais longas distribuídas durante o ano e passadas quase sempre em Bollingen, muitas vezes reservadas a trabalhos literários.

Na semana em que ele estava em Bollingen, eu ia sempre trabalhar com ele às quartas-feiras, o que constituía um grande prazer para mim. Da estação Bollingen da ferrovia Bodensee-Toggenburg-Bahn até a "Torre" eu gastava uma boa meia hora. Em tempo de chuva, com uma cesta cheia de cartas, documentos e livros pendurada no braço, o caminho rústico era às vezes um tanto penoso, mas naquela região não parecia ser costume os motoristas darem carona às pessoas que não fossem tão jovens. Lembro-me especialmente com gratidão do motorista de um caminhão de cerveja que sempre passava por mim e regularmente me levava com ele. Isso divertia Jung sobremaneira, sobretudo quando eu lhe contava as conversas que mantivera em dialeto suíço.

Não se podia conhecer Jung sem tê-lo visto em Bollingen. Ali se revelava a sua união com a natureza numa medida bem diferente da de Küsnacht. Essa união nada tinha a ver com veleidades românticas: tratava-se, de fato, de um autêntico arraigamento à sua terra e à paisagem em redor. Todos os seus trabalhos campestres participavam disso, inclusive a amizade com animais que viviam livres, pássaros e animais selvagens. Quando, num verão, uma cobra-d'água veio morar à margem do lago, encontrava regularmente uma pequena tigela de leite. Mas o que acima de tudo fazia parte de Bollingen era o silêncio. Jung era um grande silencioso, do mesmo modo que era capaz de ser um narrador loquaz. Uma coisa complementava a outra. Deixar-se mergulhar numa profunda introversão era para ele uma necessidade vital; disso nasciam as suas energias vitalizadoras. No silêncio interior e exterior formavam-se os seus pensamentos criativos. O seu lugar mais querido para escrever era a "Torre". As ocupações rústicas e simples eram consideradas um descanso, fazendo-lhe tanto bem quanto o desligamento dos compromissos cotidianos e das formalidades.

Às vezes, de longe, eu já ouvia as batidas do martelo e do cinzel com os quais ele trabalhava a pedra. As próprias pedras, de modo surpreendente, pareciam impor-lhe os modelos. Na áspera superfície das pedras grosseiras do muro da casa, Jung via figuras, da mesma maneira como as vemos nas nuvens ou nos borrões de tinta, e os seus contornos serviam de base para vários relevos. Ali havia a cabeça risonha de um palhaço, que Jung afirmava ter semelhança com Balzac, ou a figura de uma mulher que estendia os braços na direção de uma égua, que às vezes ele chamava de Pégaso. Ao lado, havia o relevo de um urso com uma bola e outro de uma cobra. Desse modo, a pedra vivia. O livro de memórias fala de outros trabalhos na pedra; eles eram feitos num alpendre ao lado da "Torre". Jung usava enormes óculos fechados lateralmente, que protegiam os seus olhos dos estilhaços.

As cartas que exigiam a concentração em questões científicas ou as pessoas desconhecidas nem sempre eram bem-vindas na atmosfera silenciosa e desprendida de Bollingen, e Jung não fazia segredo disso. Certo dia, ele expressou a sua aversão com especial ênfase, dizendo que o dia fora sombrio, porque teve de despachar algumas cartas! E como é sabido que se costuma confundir o mensageiro com a sua notícia, algumas gotas do seu mau humor também me atingiram, o que fez piorar consideravelmente o meu humor. Ao notar isso, Jung me presenteou com uma das comunicações brincalhonas que apreciava muito e que, aos meus olhos, conferiam-lhe o ar de um velho mestre zen. Uma ocasião, ele disse que aquele que não entendesse aquela brincadeira, que já era conhecida até dos alquimistas, não poderia, de jeito nenhum, ser seu amigo! Quando, portanto, naquele "dia sombrio", eu estava juntando as minhas coisas para voltar para casa – tínhamos trabalhado ao ar livre, à beira do lago –, vi, com espanto, Jung se abaixar e, assim agachado, olhar por cima do lago como fazem às vezes as crianças quando querem ver o "mundo invertido". Depois chamou-me para imitá-lo. Não senti desejo algum de fazê-lo, mas obedeci, olhando também a paisagem de uma perspectiva "invertida". Em seguida Jung falou largamente sobre a construção do olho, voltando várias vezes aos motivos por que, com essa "contemplação invertida", o mundo e as coisas podiam ser percebidos de modo melhor e com mais acerto. Feito isso, despediu-se e sumiu no alpendre. Levei muito tempo até solucionar a charada, até ter decifrado o que ele me quis comunicar veladamente por meio das nossas contorções!

No terreno de Bollingen havia uma nascente. Do lado de fora do muro que circundava a "Torre", ela desembocava no lago, subdividida em vários pequenos filetes. Esses filetes quase sempre se perdiam na areia e se tornavam quase invisíveis. Desde que Jung possuía esse terreno (1922), uma das brincadeiras jocosas a que se dedicava era cavar um novo leito e levar os filetes para um fluente riachinho. Para isso, servia-se de uma pequena e estreita pá presa a um cabo comprido. Outrora, os pastores de ovelhas usavam esse tipo de pá para jogar pedras nos animais! Com as pernas abertas e curvado para a frente — com tempo frio, bem encapotado e com um capuz de camponês —, o velho homem estava de pé sobre os torrões de terra que se destacavam como ilhas de areia, afastando cuidadosamente a areia com a pá. Nesse momento, ele prestava muita atenção à queda natural da água, porque ela deveria ser acompanhada a fim de formar o leito certo para os filetes de água e fazê-los fluir outra vez com liberdade.

Em Bollingen, sempre que era possível também trabalhávamos na parte da manhã; ao ar livre, às vezes, ficávamos junto ao fogo de uma chaminé numa *loggia* meio aberta e só com o tempo frio permanecíamos na sala de trabalho de Jung, no andar superior. Era um cômodo muito simples, com painéis de madeira e uma estufa marrom. Diante da janela havia uma pequena mesa de trabalho com um lampião de querosene, um sofá, uma prateleira de livros presa na parede e duas cadeiras confortáveis; esse era todo o mobiliário. Jung costumava escrever nesse lugar. O que chamava de imediato a atenção era a janela: a parte inferior era de vidro ripado, que impedia a visão da tão amada paisagem. Nem a mais ligeira extroversão, a mínima distração, deviam perturbar sua concentração no trabalho e na meditação.

Alimentar as numerosas aves aquáticas com os restos de pão constituía o encerramento do nosso trabalho. Jung assistia a cena e divertia-se com ela, participando com advertências, feitas com seriedade e de maneira altissonante, quando tinha a impressão de que eu distribuía as migalhas "injustamente" e um pássaro ganhava mais do que outro. Depois, seguia-se um almoço simples, mas saboroso: uma sopa – comum, semipronta, um pouco melhorada – acompanhada de uma travessa de queijo, pão, manteiga, frutas, e de um dos excelentes vinhos campestres de Zurique. Uma xícara de café e, eventualmente, um cálice de licor encerravam a refeição. É sabido que Jung era um excelente conhecedor de vinhos. Nesse verão, quando almocei com amigos no balneário em Schmerikon, uma aldeia vizinha de Bollingen, o hoteleiro sentou-se à nossa mesa e nos falou das recordações que tinha do velho professor Jung, de como Jung o acompanhava até a adega, escolhendo ele mesmo o vinho com perícia; falou ainda sobre o fato de eles conversarem muitas vezes e de como, no afã da troca de ideias, se acomodavam nos degraus do porão. Desconheço a preferência de Jung quanto aos vinhos, mas sei que, durante certo tempo, apreciou muito um simples vinho campestre e, noutras ocasiões, um copo de Borgogne. Ele fazia muitas objeções aos coquetéis.

Raramente, e só em ocasiões especiais, fiquei à noite na "Torre". Às cinco horas chegava o momento de começar os preparativos para a rica ceia. Nos últimos anos, Jung sentia-se cansado demais para participar dela, mas antes, a produção de um *Brotis* na grelha da chaminé ou no fogão da cozinha era uma grande cerimônia, na qual todos os que tinham vontade de participar recebiam o papel de auxiliares de cozinheiro e de serventes. Depois de cada refeição, tinha-se a obrigação de constatar que o esforço fora posteriormente bem compensado: o *Brotis*, com os seus acompanhamentos deliciosamente condimentados, era uma obra-prima de culinária!

Normalmente, eu me punha cedo a caminho de casa, logo depois da sesta de Jung. De preferência ele ia, em seguida, cortar lenha ou empilhar as achas de maneira meticulosa e artisticamente. Nos anos anteriores, esperava-o o trabalho no campo: o plantio de batatas ou milho. Há muito tempo fora obrigado a parar de velejar, sua grande alegria durante muitos anos.

Jung morreu na sua casa em Küsnacht, no meio das grandes imagens que preencheram a sua alma. Como a ideia da morte, desde muitos anos ou talvez décadas, lhe era íntima, ela não veio como inimiga, apesar de ele ter conhecido a dor da finitude da vida, tendo-a manifestado numa carta: "A visão da natureza eterna faz com que eu sinta a minha fraqueza e o meu caráter perecível e não acho nenhum prazer na ideia da *aequanimitas in conspectu mortis*. Tal como sonhei certa vez, a minha vontade de viver é um demônio em brasa, que, em determinadas horas, dificulta-me infernalmente a consciência da minha mortalidade. O máximo que se pode fazer é, tal como o administrador infiel, salvar as aparências, e isso nem sempre é possível, de modo que o meu Senhor nem isso encontraria de louvável em mim. Mas o demônio não se preocupa com isso, porque, no fundo, a vida é aço sobre pedra". Jung escreveu essa carta em 1953, oito anos antes da sua morte. Ela não contém a sua atitude fundamental, mas reproduz bem a atmosfera de um homem envelhecido, visitado pela aflição.

Posteriormente, tornou-se evidente que a agonia e morte de Jung foram "captadas" por amigos e conhecidos próximos e distantes; o inconsciente as havia anunciado antes que a notícia se divulgasse. Esses sonhos foram reunidos. Algumas horas após a sua morte, desencadeou-se um violento temporal e um relâmpago feriu o elevado choupo na margem do seu jardim em Küsnacht, onde ele gostava de ficar sentado. O relâmpago desceu ao longo do tronco pela terra adentro e deslocou as pesadas pedras de um muro baixo ao redor. Da ferida aberta e queimada do córtex retirei uma lâmina da entrecasca. Depois veio o jardineiro e recobriu a ferida com uma massa escura e a árvore ainda vive até hoje.

Numa manhã, em Bollingen, após intenso trabalho, Jung me fez prometer que eu iria "prestar contas" a respeito dele e da sua obra, quando não mais estivesse aqui. A breve conversa transcorreu com sobriedade, quase de passagem. Jung não era amigo de palavras pomposas. Hesitei muito tempo antes de fazer um relato sobre Jung como homem, porque a dificuldade é muito diferente de "prestar contas" da sua obra, deixando que a sua personalidade surja por trás das suas ideias. A árvore imensa do seu espírito lançou raízes profundas na terra. A copa é visível de longe: é a obra que ele legou à posteridade. Das raízes, do repouso na natureza, pouco se sabe. Sua personalidade tem um número infinito de facetas, e cada um o conhecia conforme a face que estava voltada para si. Assim, o meu breve relato pode apenas lançar algumas luzes passageiras sobre o homem tal qual o vi e tal como veio ao meu encontro, no dia a dia dos seus últimos anos de vida.